Neuseeland

Von Allan Edie

D1673836

humboldt–taschenbuch 859

Verfasser: Allan Edie
Berater: Frank Dawes
Beitrag *Natur* von Paul Sterry

Übersetzung aus dem
Englischen: Ulrike Mahl-Poyda
Lektorat: Sabine Körner-Bourne,
Grant Bourne

Umschlaggestaltung:
Wolf Brannasky, München

Umschlagfoto:
Bay of Plenty

Druck: Printers S. R. L., Trento
Printed in Italy

ISBN 3-581-66859-9

Alle Angaben wurden sorg-
fältig geprüft. Dennoch kann
eine Gewähr für Vollständig-
keit und Richtigkeit nicht
übernommen werden.

Ergänzende Anregungen, für
die wir jederzeit dankbar sind,
bitten wir zu richten an:
Humboldt-Taschenbuchverlag
Postfach 40 11 20
80711 München.

BILDNACHWEIS:

IMAGE BANK: Umschlagfoto
(T. Madison).

MARY EVANS PICTURE LIBRARY: 8.

NEW ZEALAND TOURISM OFFICE:
20, 22, 29, 34/35, 36, 43, 47, 50/51,
55, 66, 71, 76, 78, 80/81, 89, 93, 96,
99, 101, 114, 124.

NATURE PHOTOGRAPHERS LTD:
92 (S. C. Bisserott), 94, 95 (M. P. Harris), 97 (P. R. Sterry).

ZEFA PICTURE LIBRARY UK LTD:
11, 79.

PAUL KENWARD: alle anderen Auf-
nahmen in diesem Buch.

Folgende Symbole sollen Ihnen die Benutzung des Rei-
seführers erleichtern:

◆◆◆   nicht versäumen

◆◆   sehr sehenswert

◆   sehenswert

🕓   Öffnungszeiten

☎   Telefon

Einleitung

Aotearoa, das „Land der langen weißen Wolke", nannten die Maori ihre Heimat. Ein Land, das durch eine solche Vielfalt an Naturschönheiten besticht wie kaum ein anderes auf der Welt: Gletscher und schneebedeckte Berge wie in der Schweiz, erloschene und aktive Vulkane wie in Japan, Geysire wie in Island, Fjorde wie in Norwegen und dazu subtropische Regenwälder. Kein Wunder, daß der Inselstaat im Südpazifik gerne als eine „Welt en miniature" beschrieben wird. Man hat nie weit zu fahren, von der Skipiste bis zum Strand ist es manchmal nicht einmal eine Stunde.

Neuseeland besitzt zwar alle technologischen und kommerziellen Annehmlichkeiten, die man in der modernen, westlichen Welt erwartet. Erfreulicherweise fehlen trotzdem die Nachteile, die diese oft mit sich bringen: Es gibt kaum luftverschmutzende Industrieanlagen, keine vierspurigen Autobahnen, und die Städte sind meist klein und weit verstreut. Mit anderen Worten, Neuseeland ist es gelungen, seine natürliche Ursprünglichkeit weitgehend zu bewahren. Aber auch in den Städten ist der Lebensstil entspannter als das in Europa der Fall ist. Selbst in der größten Stadt, Auckland, hat die Bevölkerung die Millionengrenze noch nicht überschritten, und die hübsche, an einer malerischen Bucht gelegene Hauptstadt Wellington gleicht eher einem mondänen blühenden Seebad denn Metropolen wie London oder Paris. Wenn man durch ländliche Gegenden reist, erscheint das Land wie eine einzige riesige Weide. Das Leben spielt sich im großen und ganzen noch so ab wie vor hundert Jahren; die – zugegebenermaßen teilweise motorisierten – Schäfer treiben mit ihren Hunden die Schafe zusammen, professionelle Schafscherer reisen von Farm zu Farm. Wolle und Schafzucht bilden seit langem die Lebensader der neuseeländischen Wirtschaft, und auch heute noch gibt es neunzehnmal soviel Schafe wie Menschen. Spitze Zungen charakterisieren die neuseeländische Kultur als „Rugby, Rennen und Bier". Das stört die meisten Neuseeländer aber herzlich wenig, sie nehmen es eher als Kompliment. Freizeit hat einen hohen Stellenwert – und Sport ist die beliebteste Freizeitbeschäftigung. Besonders Rugby und Pferderennen sind

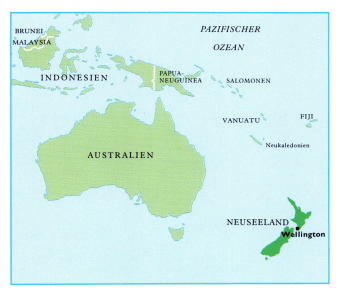

höchst populär, und die meisten Neuseeländer, selbst wenn sie nicht aktiv Sport treiben, verfolgen zumindest als Zuschauer eifrig die Sportveranstaltungen.

Das geistige Leben ist aber doch reicher als viele denken. Vielleicht war es gerade die Abgeschiedenheit Neuseelands – zum nächsten Nachbarn, Australien, sind es immerhin über 1600 km – die seine Bewohner so unabhängig und erfinderisch machte. Wie auch immer, diese Nation mit einer Bevölkerung von nicht einmal 3,5 Millionen hat eine Reihe berühmter Persönlichkeiten hervorgebracht: die Schriftstellerin Katherine Mansfield, den Atomforschungspionier Lord Ernest Rutherford und den Everestbezwinger Sir Edmund Hillary.

Die „Kiwis", wie sich die Neuseeländer nach ihrem Wappenvogel gerne selbst nennen, sind ein Vielvölkergemisch, das einen eher britischorientierten Lebensstil angenommen hat. Es sind Maori und polynesiche Einwanderer, die der Landeskultur einen Hauch von Südseexotik verleihen. Alle Neuseeländer sind Besuchern gegenüber jedoch außerordentlich herzlich und gastfreundlich.

Neuseeland im Überblick

Im Südpazifik, ungefähr in der Mitte zwischen
Äquator und Südpol, nimmt Neuseeland eine
Fläche von rund 269 000 m² ein (entspricht etwa
Italien oder der alten Bundesrepublik). Es umfaßt die beiden Hauptinseln North Island und
South Island sowie Stewart Island mit nur
1770 m² Fläche ganz im Süden und einige kleinere, kaum besiedelte Inseln. Flächenmäßig ge-
ringfügig kleiner als die Südinsel, ist die Nordinsel dichter besiedelt und wirtschaftlich führend.
Die Südinsel lockt vor allem mit landschaftlichen Reizen. Neuseeland liegt nahe dem 180.
östlichen Längengrad, an dem auch die internationale Datumsgrenze verläuft; so beginnt
dort der Tag elf Stunden früher als in Mitteleu-
ropa (MEZ + 11 Std.).

Landesnatur
Vor 150 Millionen Jahren war Neuseeland noch
Teil von Gondwanaland, einer großen Land-
masse, welche auch Australien, Indien, Afrika,
Südamerika und die Antarktis umfaßte. Als diese vor etwa 70 Millionen Jahren endgültig aus-
einanderbrach, driftete Neuseeland weit nach
Südosten ab und liegt nun über 1600 km von
seinem unmittelbaren Nachbarn Australien entfernt. Eine einzigartige Fauna und Flora entstand auf den Inseln, und da es keine Raubtiere gab, konnten sich flugunfähige Vögel wie etwa der Kiwi, Takahe und der inzwischen ausge-
storbene Moa entwickeln.
Die Erdkruste unter Neuseeland ist instabil, da
hier die indisch-australische, die antarktische
und die pazifische Platte aufeinandertreffen. Er-
gebnis dieser Plattenbewegungen sind Erdbeben und Vulkanismus. So ist Auckland auf
mehreren erloschenen Vulkanen erbaut, durch
die gesamte Nordinsel zieht sich eine Zone aktiven Vulkanismus', und das beliebte Touristenzentrum Rotorua ist berühmt für seine Geysire
und Thermalquellen.
Beide Inseln sind zerklüftet, durchzogen von
Gebirgsgürteln und Hügelketten. Über 75 % der
Landfläche liegen mehr als 200 m über Meeresspiegel. Über 220 Gipfel ragen mehr als 2300 m
hoch, der höchste, Mount Cook in den Neuseeländischen Alpen, erreicht 3764 m. Zahlreiche
große Flüsse zerschneiden das Land, an denen
Wasserkraftwerke zur Stromversorgung des

NEUSEELAND

Landes errichtet wurden. An dem mit 354 km längsten Fluß, dem Waikato River, wurden insgesamt neun Staudämme errichtet; sein Wasser dient auch zur Kühlung von drei Wärmekraftwerken, in denen natürlich vorkommende thermische Energie ausgenutzt wird.

Neuseeländer bezeichnen den einheimischen Urwald als „Busch". Es gibt hier viele seltene Baumarten, die nur in Neuseeland zu finden sind. Vor Ankunft der Europäer bedeckten diese

Der einflußreiche Maori-Häuptling Hongi Ika führt auf seinem Sterbebett Friedensverhandlungen mit den Missionaren

üppigen immergrünen Wälder fast das ganze Land. Für die Pioniere war der Wald keine erhaltenswerte Naturlandschaft, sondern ein Hindernis, das in schweißtreibender Arbeit beseitigt werden mußte, um Anbauflächen zu gewinnen. Heute sind es die saftigen Weideländer, die das Bild des Landes prägen. Es herrscht ein mäßiges Klima: Im Norden sind die Temperaturen höher, während es an der Westflanke der Gebirge häufiger regnet.

Geschichte
Die Maori
Die ersten Menschen, die vor etwa 1000 Jahren Neuseeland besiedelten, stammten aus Ostpolynesien. In ihren Traditionen und Legenden führen die Maori ihren Ursprung auf ein mythisches Land namens *Hawaiki* zurück; es könnte sich hierbei um die Gesellschaftsinseln oder die Cook-Inseln nordöstlich von Neuseeland handeln. Laut Maori-Überlieferung wurde Neuseeland im Jahre 950 v. Chr. vom Polynesier Kupe entdeckt, dem 200 Jahre später Toi folgte. Um 1350, so die Überlieferung weiter, landete eine große Kanuflotte; und bis heute bezeichnen sich die einzelnen Stämme als Nachfahren bestimmter Boote.
Nach Auffassung von Archäologen und Anthropologen gab es zwei Maori-Kulturepochen. Die

frühzeitliche „Moa-Jäger-Periode" begann vermutlich kurz nach 1000 v. Chr. mit nichtseßhaften Jägern und Sammlern, deren begehrtestes Jagdopfer wohl der um 1500 endgültig ausgerottete Riesen-Moa war.

In der späteren – klassischen – Maori-Zeit gab es bereits Siedlungen mit Verteidigungsanlagen *(pa)* und Landwirtschaft. Angebaut wurden Kumara (Süßkartoffeln), Jamswurzeln, Flaschenkürbisse und Taro (eine eßbare Wurzel).

Das Maori-Gesellschaftssystem war vom Stammesleben geprägt, das wiederum von Priestern *(tohunga)* und Häuptlingen *(rangitira)* bestimmt wurde. Es gab einen strengen Kriegskodex; Stammesfehden wurden häufig ausgetragen; die Rache für eine zugefügte Kränkung galt als bedeutsames Ritual, selbst wenn diese Kränkung Generationen zurücklag.

Die Ankunft der Pakeha

Als erster Weißer sichtete vermutlich der Holländer Abel Tasman im Dezember 1642 die Südinsel Neuseelands. Er segelte die Westküste entlang und nannte das Land Staten Landt, was bald in Nieuw Zeeland umgeändert wurde. Erst im Oktober 1769 sollte der englische Seefahrer Captain Cook Neuseeland erreichen. Er umsegelte als erster beide Hauptinseln und besuchte das neue Land dreimal. Er entdeckt die nach ihm benannte Cook-Straße und läßt genaue Karten anfertigen. Während seiner Besuche verhandelte er meist freundschaftlich mit den Maori.

Seine Reiseberichte lösten die nächste Besucherwelle aus: Walfänger und Händler verschiedenster Nationalitäten kamen mit ihren Schiffen; Flachs, Kauri-Holz u. a. waren begehrtes Handelsgut. Als Gegenleistung erhielten die Maori meist Gewehre. Durch diese Feuerwaffen nahmen ihre Kriege neue, schreckliche Dimensionen an; Schätzungen zufolge starben in den frühen Jahren des 19. Jahrhunderts 60 000 Maori bei Auseinandersetzungen verfeindeter Stämme. Die Europäer schleppten darüber hinaus Krankheiten wie die Grippe ein, der viele Maori zum Opfer fielen. Vor der Ankunft der Europäer – oder *pakeha* auf Maori – lebten 100 000 bis 200 000 Maori in Neuseeland. Schon 1892 waren es nur noch 42 000. Mit den Seefahrern und Händlern kamen auch die christlichen Missionare, dann die ersten Siedler.

Die britische Herrschaft

Obwohl sich 1830 schon einige Tausend Europäer an der Bay of Islands niedergelassen hatten, war Neuseeland offiziell noch keine Kolonie. Die Zustände waren chaotisch, es regierte das Faustrecht. Um dem ein Ende zu bereiten, sandte Großbritannien 1833 James Busby als seinen Vertreter. Allerdings hatte er kaum Machtbefugnisse, und die Siedler drängten auf weiterreichenden Schutz aus England. Daraufhin erklärte der später als Vizegouverneur eingesetzte Captain Hobson das Land 1839 zur britischen Kolonie. 1840 wurde der Waitangi-Vertrag von Hobson und den meisten Maori-Häuptlingen unterzeichnet. Damit ging Neuseeland in britische Souveränität über, während den Maori im Gegenzug Rechte und Privilegien als Untertanen von Königin Viktoria zuerkannt wurden. Außerdem wurden die Landrechte der Maori garantiert. Der Vertrag war stellenweise recht vage formuliert (die Maori-Version unterscheidet sich von der englischen) und ist bis heute ein umstrittenes Dokument.

In den 40er Jahren des 19. Jahrhunderts schwoll der Siedlerstrom immer stärker an; gegen Ende der 50er Jahre übertrafen die europäischen Siedler zahlenmäßig bereits die Maori-Bevölkerung. Die Einwanderer kamen aus England und Schottland, aber auch aus Frankreich, Böhmen, Dalmatien und Skandinavien. Sie kauften den Maori Land ab. Bald mußten die Maori entsetzt feststellen, wieviel Land sie bereits verloren hatten. Es kam zu Kämpfen zwischen Maori und Pakeha bei der Bay of Islands, bei Blenheim, New Plymouth und Wanganui, und 1864 kam es zum Kampf britischer Truppen und ansässiger Freiwilliger gegen die Waikato-Maori südlich von Auckland. Letztendlich siegten die Pakeha, der Großteil des Landbesitzes der Waikato-Maori wurde von der Regierung beschlagnahmt.

Berichte von Goldfunden lockten in den 60er Jahren des 19. Jahrhunderts Glücksritter aus aller Welt nach Neuseeland. Doch die Goldadern versiegten bereits nach zehn Jahren. Die neuseeländische Wirtschaft stürzte in ein Tief, aber durch Aufbau der Landwirtschaft, vor allem der Schafzucht, wurde ein neuer Aufschwung ermöglicht. Unter einer liberalen Regierung wurden einige progressive soziale Gesetze verabschiedet; u. a. wurden 1893 das Wahlrecht für

Milford Sound:
„Das achte Welt-
wunder"

Frauen und 1898 beitragsfreie Altersrenten eingeführt – beides Weltpremieren.

Das unabhängige Neuseeland
Mit Beginn des 20. Jahrhunderts entwickelten
die Neuseeländer der zweiten Generation allmählich eine gewisse nationale Identität. Die
patriotischen Gefühle wurden noch verstärkt,
als neuseeländische Truppen unter großem
Einsatz im Burenkrieg und in beiden Weltkrie-
gen auf britischer Seite kämpften. 1907 erhielt
Neuseeland den Status als *Dominion* (sich
selbst regierendes Land des britischen Staaten-
bundes) und 1931 seine volle Unabhängigkeit
unter dem Statut von Westminster zugespro-
chen. Während der zweiten Hälfte des 20. Jahrhunderts wechselten sich die National Party,
traditionsgemäß die Partei der Mittelschicht,
und die Labour Party, ursprünglich die Arbei-
terpartei, am politischen Machthebel ab.
In den 80er Jahren nahm Neuseeland unter der
Labour-Regierung eine neutrale Haltung innerhalb der internationalen Staatengemeinschaft
zum Thema Verteidigung und Atomwaffen ein;
so durften etwa Kriegsschiffe mit Atomwaffen
an Bord neuseeländische Häfen nicht mehr an-
laufen. Diese antinukleare Politik wurde von der
National Party nach deren Regierungsantritt
1990 fortgeführt.

Neuseeland heute
75 % der rund 3,5 Mio. Einwohner leben auf der
Nordinsel, davon wiederum knapp eine Million
im Großraum Auckland. Über 84 % sind
Pakeha vorwiegend englischer oder schottischer Herkunft. Etwa 9 % der Neuseeländer
sind Maori oder zumindest Teil-Maori. Daneben
gibt es etwa 100 000 Polynesier, die vor allem

*Friedlich grasende
Schafe*

von den südpazifischen Inseln Samoa, Tonga
und Cook zugezogen sind, und zuguterletzt
auch asiatische Einwanderer.
Die meisten Neuseeländer sind Christen – vorwiegend Anglikaner, Presbyterianer, Katholiken
und Methodisten. Mit der Ratana- und Ringatu-
Kirche haben sich die Maori ihre Version des
Christentums geschaffen. Es herrscht Religions-
freiheit und damit eine Koexistenz unterschiedlichster Glaubensrichtungen und Religionen.
Mit 18 erhält jeder Neuseeländer das Wahlrecht; die Wahl der Abgeordneten des House of
Representatives findet im Dreijahresturnus statt.
Die größte Partei konstituiert die Regierung,
wobei die Exekutivgewalt beim Kabinett liegt.
Formelles Staatsoberhaupt ist die britische Mo-
narchin, vertreten von einem Generalgouver-
neur. Die neuseeländische Ökonomie ist nach
wie vor in großem Ausmaß von der Agrarwirt-
schaft geprägt: Fleisch, Wolle und Milchproduk-
te zählen zu den wichtigsten Exportgütern.
Doch das Dienstleistungsgewerbe sowie die
verarbeitende Industrie spielen inzwischen auch
eine bedeutende Rolle, ganz zu schweigen vom
Tourismus.
Obwohl viele gesellschaftliche Konflikte der
westlichen Welt Neuseeland dank der geringen
Bevölkerung nur in abgemilderter Form trafen,
sind Probleme wie Arbeitslosigkeit, Gewalt, Dro-
genabhängigkeit und Rassenkonflikte nicht un-
bekannt. Unter den jüngeren Maori macht sich
ein wachsender Maori-Nationalismus breit, der
1990 bei der 150-Jahrfeier des Waitangi-Vertrages besonders deutlich zu Tage trat und die
Empörung über vergangene Ungerechtigkeiten
neu entfachte. Neuseeland muß sich mit seiner
Vergangenheit auseinandersetzen, um eines
Tages eine echte multikulturelle Gesellschaft zu
bilden.

Nordinsel: Auckland und der Norden

Zwischen dem einsamen Cape Reinga hoch im Norden und dem betriebsamen Touristenzentrum Rotorua mit seinen Geysiren, brodelnden Schlammbecken und Maori-Kulturstätten erstreckt sich eine abwechslungsreiche Landschaft: Sanddünen am Ninety Mile Beach auf der schmalen Northland-Halbinsel, Sandstrände in der Bay of Islands an der Ostküste, wo sich Taucher, Fischer, Segler und Sonnenanbeter tummeln. Wie Neuseeland aussah, bevor der Mensch seinen Fuß auf dieses Land setzte, läßt sich an den noch erhaltenen Beständen der riesigen, uralten Kauri-Bäume wie auch an dem wilden, gebirgigen Hinterland der Coromandel-Halbinsel im Osten erahnen.

Sanfter erscheint die ebene Landschaft im Zentrum der North Island, wo auf den fruchtbaren Weiden um dem Waikato River intensive Milchwirtschaft betrieben wird. Entlang der im Sommer höchst populären Bay of Plenty, der „Obstschüssel" des Landes, werden subtropische exotische Früchte, wie z. B. Tamarillo (Baumtomate) und Kiwi, sowie Zitrusfrüchte angebaut. Touristische Highlights dieses Gebiets sind die dramatische Vulkanlandschaft des Tongariro National Park, wo Skiläufer und Wanderer gleichermaßen auf ihre Kosten kommen, und die Glühwürmchengrotte Waitomo Cave. Sehenswert sind weiterhin der in einem Vulkankrater gelegene Lake Taupo und, last but not least, die größte Stadt Neuseelands: Auckland.

Auckland

Mit knapp einer Million Einwohner stellt Auckland mehr als ein Viertel der Gesamtbevölkerung Neuseelands. 60 000 stammen von den Pazifikinseln, eine Tatsache, die Auckland zur größten polynesischen Stadt der Welt macht.

Auckland hat den größten Hafen für Passagierschiffe und ist der wichtigste Flughafen des Landes. Es gibt Flug-, Zug- und Busverbindungen in fast alle Teile des Landes. Die Stadt selbst breitet sich an der schmalsten Stelle der Nordinsel zwischen zwei Häfen aus, die stellenweise nur 600 m auseinanderliegen. Vor dem Waitemata-Hafen an der Pazifikseite liegt der Hauraki Gulf mit zahlreichen vorgelagerten Inseln. Wassersport ist populär, und seine vielen Jachten haben Auckland den Spitznamen „City of Sails" – die Stadt der Segel – eingebracht. Die kleiderbügelförmige Hafenbrücke zählt zu den Wahrzeichen der Stadt. Der Flughafen befindet sich in der Nähe des zweiten Hafens, Manukau, an der Tasmansee. Manukau ist wesentlich ruhiger als der Waitemata-Hafen.

Ein Holzschnitzer bei der Arbeit

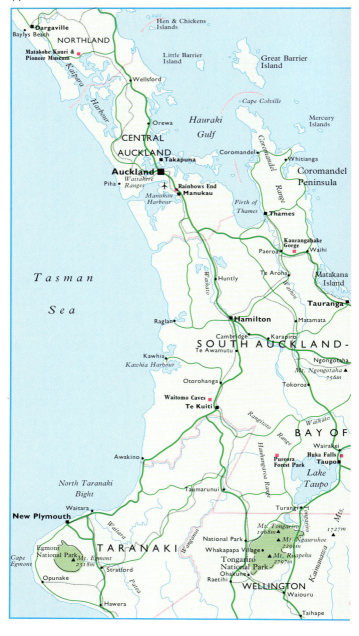

Dargaville
Baylys Beach
NORTHLAND
Matakohe Kauri &
Pioneer Museum
Hen & Chickens
Islands
Little Barrier
Island
Great Barrier
Island
Wellsford
Cape Colville
Mercury
Islands
Orewa
Hauraki
Gulf
CENTRAL
AUCKLAND
Coromandel
Coromandel
Whitianga
Takapuna
Coromandel
Peninsula
Auckland
Waitakere
Ranges
Piha
Rainbows End
Manukau
Manukau
Harbour
Firth of
Thames
Thames
Kaurangahake
Gorge
Paeroa
Waihi
Te Aroha
Matakana
Island
Tasman
Huntly
Waikato
Waihou
Tauranga
Sea
Raglan
Hamilton
Matamata
Cambridge
Karapiro
SOUTH AUCKLAND
Te Awamutu
Kawhia
Kawhia Harbour
Otorohanga
Ngongotaha
Mt. Ngongotaha ▲
756m
Tokoroa
Waitomo Caves
Te Kuiti
Rangitoto Range
Waikato
BAY OF
Awakino
Pureora
Forest Park
Wairakei
Huka Falls
Taupo
North Taranaki
Bight
Taumarunui
Lake
Taupo
Waitara
New Plymouth
Turangi
Mt.
Waiaria
Wanganui
National Park
Mt. Tongariro
1968m
Mt. Ngauruhoe
2291m
1727m
Egmont
National Park
Mt. Egmont
2518m
Whakapapa Village
Mt. Ruapehu
2797m
Cape
Egmont
TARANAKI
Stratford
Tongariro
National Park
Kaimanawa Mts.
Opunake
Ohakune
Raetihi
WELLINGTON
Patea
Waiouru
Hawera
Taihape

NORDINSEL · AUCKLAND
UND DER NORDEN

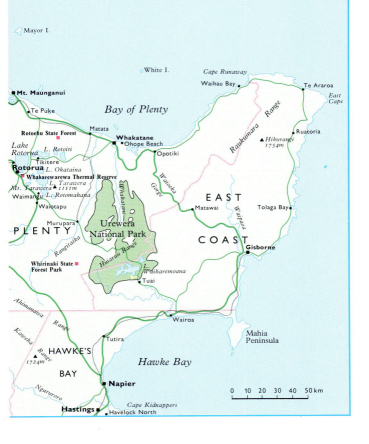

PAZIFISCHER

OZEAN

Mayor I.

White I.

Cape Runaway

Waihau Bay

Te Araroa

East Cape

■ **Mt. Maunganui**

Bay of Plenty

• Te Puke

Matata

Whakatane

■ •Ohope Beach

Opotiki

Ruatoria

▲ *Hikurangi*
1754m

Rotoehu State Forest

Lake Rotorua

L. Rotoiti

Tikitere

Raukumara Range

Rotorua

L. Okataina

Whakarewarewa Thermal Reserve

Mt. Tarawera ▲ *1111m*

L. Tarawera

Waimangu

L. Rotomahana

Waioeka Gorge

Whakatane

Waiotapu

E A S T

Murupara

Urewera National Park

Matawai

Waipaoa

Tolaga Bay

P L E N T Y

Rangitaika

Huiarau Range

C O A S T

Whirinaki State Forest Park

L. Waikaremoana

Tuai

Gisborne

Ahimanawa

Wairoa

Range

Mahia Peninsula

Kaweka Range

Tutira

▲ *1724m*

HAWKE'S

Hawke Bay

BAY

Ngaruroro

■ **Napier**

0 10 20 30 40 50 km

Cape Kidnappers

Hastings

•Havelock North

Auckland hat 63 erloschene Vulkane, keiner höher als 200 m. In ihrer aktiven Zeit formten sie eine sanfte Hügellandschaft, in der sich gute Aussichtspunkte über Stadt und Häfen bieten. Die Rangitoto-Insel im Waitemata-Hafen ist mit ihren 750 Jahren der jüngste Vulkan und von vielen Stellen der Stadt aus zu sehen.

Die Sehenswürdigkeiten Aucklands liegen weit verstreut. Deshalb ist ein Auto das bequemste Verkehrsmittel für Besichtigungstouren. Morgens und nachmittags werden Busrundfahrten angeboten. Zudem fährt stündlich zwischen 10 und 16 Uhr der *United Airlines Explorer* die wichtigsten Sehenswürdigkeiten (Victoria Market, Oriental Market, Mission Bay, Underwater World, Rose Gardens, das Museum und Parnell Village) an. Tickets sind beim Fahrer erhältlich. Sie können an jeder Station beliebig ein- und aussteigen.

Ein Blick über Auckland vom Gipfel des Mount Eden

Sehenswürdigkeiten

CITY ART GALLERY
Kitchener Street
Die Kunstgalerie befindet sich am Rand des Albert Park, einer der zahlreichen Grünflächen der Stadt. Sie beherbergt eine umfangreiche Sammlung neuseeländischer Kunst der Vergangenheit und Gegenwart, aber auch Werke europäischer Meister sowie Kunstdrucke und Zeichnungen. Auch Gastausstellungen aus aller Welt sind hier häufig zu sehen. Die Galerie selbst, die schon einmal vom Abriß bedroht war, ist im viktorianischen Stil erbaut und wurde 1888 eröffnet.
🕓 täglich 10–16.30 Uhr. Eintritt frei.

DOMAIN
In der weitläufigen Parkanlage, die sich nur 2 km von der Innenstadt entfernt über rund 80 ha erstreckt, befinden sich ein Museum sowie Wintergärten und Gewächshäuser. Das

War Memorial Museum liegt direkt auf dem Domain-Vulkan. Es präsentiert eine Ausstellung zur Geschichte der beiden Weltkriege und gibt Einblick in die Maori-Kultur, die Kolonialzeit, die neuseeländische Tier- und Unterwasserwelt sowie die Kunst im südpazifischen Raum. ⊕ täglich 10–16.15 Uhr (im Sommer bis 17 Uhr), So 11 bis 17 Uhr.

◆◆
MOUNT EDEN und ONE TREE HILL

Vom Mount Eden, dem höchsten Vulkan der Stadt (196 m, 4 km südlich des Zentrums), bietet sich eine überwältigende Aussicht auf Stadt und Hafen. Außerhalb des Kraters befinden sich Reste einer ehemaligen Maori-Befestigungsanlage. Vom **One Tree Hill,** 6 km südöstlich des Stadtzentrums im Cornwall Park, eröffnet sich ein nicht minder prächtiges Panorama. Das Wahrzeichen des Hügels ist ein alleinstehender Baum – der ursprüngliche wurde im 19. Jh. von John Campbell, einem der Gründungsväter der Stadt, zu Ehren der Maori gepflanzt. Daneben steht ein Obelisk.

◆
MUSEUM OF TRANSPORT AND TECHNOLOGY (MOTAT)

Great North Road, Western Springs
Im Transport- und Technologiemuseum locken, 5 km westlich des Zentrums, Oldtimer und alte Trambahnen, Flugzeuge (sogar ein Nachbau des ersten Fliegers Neuseelands), Druckerpressen und die Nachbildung eines Pionierdorfes. ⊕ Mo–Fr 9–17 Uhr, Sa/So und Fei 10–17 Uhr.

Eines der typischen gelben Pedicabs in Auckland

◆◆
PAVILION OF NEW ZEALAND

Montgomerie Road
Im Vorort Mungere, unweit des Flughafens, bietet Neuseelands Beitrag zur Weltausstellung 1988 im australischen Brisbane die Gelegenheit, sich in einer beeindruckenden Audiovisions Show einen ersten Eindruck vom Land zu verschaffen. Der architektonisch bemerkenswerte Pavillon liegt mitten in einem Vergnügungspark mit See, Spielplätzen, Minigolf und Kinderzoo. Entspannen kann man sich beim Angeln (Ausrüstung wird vermietet), im See oder bei der Fahrt mit dem Kiwi-Fruit Train durch Obstplantagen. ⊕ täglich 10–18 Uhr.

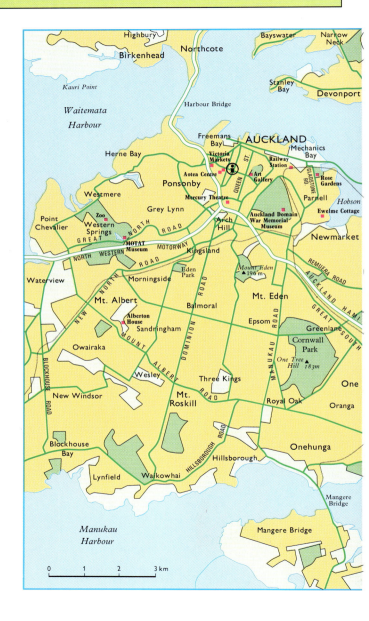

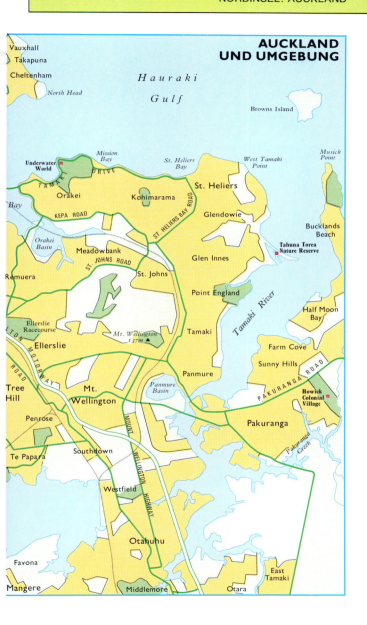

AUCKLAND UND UMGEBUNG

Hauraki Gulf

Vauxhall
Takapuna
Cheltenham
North Head
Browns Island

Mission Bay
St. Heliers Bay
West Tamaki Point
Musick Point

Underwater World
Orakei
Kohimarama
St. Heliers

Bay
KEPA ROAD
Glendowie
Bucklands Beach

Orakei Basin
Meadowbank
ST. JOHNS ROAD
Tahuna Torea Nature Reserve

Remuera
St. Johns
Glen Innes

Point England
Half Moon Bay

Ellerslie Racecourse
Mt. Wellington 137m ▲
Tamaki
Tamaki River

Ellerslie
Farm Cove

Tree Hill
Mt. Wellington
Panmure Basin
Sunny Hills
PAKURANGA ROAD

Penrose
Panmure
Howick Colonial Village

Te Papara
Southdown
Pakuranga

Westfield
Pakuranga Creek

Otahuhu

Favona
East Tamaki

Mangere
Middlemore
Otara

◆◆◆ KELLY TARLTON'S UNDERWATER WORLD
Tamaki Drive, Orakei
Dieses riesige unterirdische Aquarium führt in die neuseeländische Unterwasser-Welt: Rochen, Haie und viele andere einheimische Fische umschwimmen die Besucher, die auf einem Rollband durch große Plexiglasröhren bewegt werden. Die neuseeländischen Fische sind zwar nicht allzu farbenprächtig, trotzdem lohnt der Besuch. Nur durch eine Glaswand ist man vom nassen Element getrennt; so hat man das Gefühl, sich wie ein Taucher im Wasser oder auf dem Meeresboden zu befinden. Für Abwechslung sorgen auch eine Ton- und Bild-Schau und eine Muschelausstellung, ein Souvenirladen sowie ein Café mit Blick auf Rangitoto Island.
🕒 täglich 9–21 Uhr. Eintrittsgebühr.

Am Strand von Devonport

◆ ZOO
Motions Road, Western Springs
Der Zoo ist über eine elektrische Trambahn mit dem Museum of Transport and Technology (s. S. 17) verbunden. Im weitläufigen Areal leben exotische und einheimische Tiere. Die Hauptattraktion ist der neuseeländische Nationalvogel Kiwi.
🕒 täglich 9–17.30 Uhr. Eintrittsgebühr.

Busch, Strände und Inseln
In der näheren Umgebung Aucklands gibt es einige attraktive Ziele für stadtmüde Tagesausflügler. Das größte Urwaldgebiet, Waitakere Ranges, liegt etwa 15 km westlich der Stadt. Der **Waitakere Scenic Drive** führt durch den 1940 angelegten Auckland Centennial Park; daneben gibt es dort 132 andere ausgeschilderte Wanderwege. In Auckland ist es nie weit zum nächsten Strand. Nur 4 km vom Zentrum liegt **Mission Bay** am Tamaki Drive, nicht weit von der Underwater World entfernt. Einen hübschen Küstenstreifen besitzt auch die Vorstadt **Takapuna** nördlich von Devonport. Der 3 km lange Strand in **Orewa**, 30 km nördlich, ist ein beliebtes Familienausflugsziel. Surfer zieht es eher an die 40 km westlich vom Zentrum gelegenen Strand von **Piha**, wo sich die Wellen am schwarzen Sandstrand der Westküste brechen. Sie können übrigens auf dem Waitakere Scenic Drive von Auckland nach Piha fahren. Mit der Fähre erreicht man den netten Vorort **Devonport** an der Nordküste in 15 Minuten. Anle-

Weitere Sehenswürdigkeiten

Aotea Centre: Das 1990 am Aotea Square, Queen Street, erbaute Konzert- und Tagungszentrum verfügt über Ausstellungsflächen, Restaurants und Bars. Der Konzertsaal wurde von der bekannten Sängerin Dame Kiri Te Kanawa eingeweiht.

Botanical Gardens: Die gut ausgeschilderte 64 ha große Gartenanlage liegt 24 km südlich des Zentrums an der Hill Road, Manurewa. (🕐 täglich 9–17 Uhr.)

Howick Colonial Village: Besonderheit dieses Nachbaus eines typischen Dorfes aus der Kolonialzeit (Lloyd Elsmore Park, Bells Road, Pakuranga, ca. 20 km östlich vom Zentrum) ist ein Holzhaus von 1847, das von Soldaten als Teil eines Verteidigungssystems gegen die Angriffe der Maori gebaut wurde. (🕐 täglich 10–16 Uhr.)

Rainbows End: Der Erlebnis- und Vergnügungspark gleich neben Manukau City Centre, 22 km südlich vom Stadtkern, lockt ganze Familien an. (🕐 in den Sommerferien täglich von 10–21 Uhr, im Winter Fr 10 bis 17 Uhr und Sa/So 10–20 Uhr.)

gestelle ist Ferry Wharf am unteren Ende der Queen Street. Hier starten auch Hafenrundfahrten und Ausflugspartien zu den Inseln im **Hauraki Gulf Maritime Park**. Von den 47 Inseln sind nur diejenigen, die nicht streng unter Naturschutz stehen, zugänglich. Für Naturfreunde besonders interessant ist die Insel Rangitoto; an den Hängen des noch vor 150 Jahren aktiven Vulkans entwickelte sich eine reiche Fauna und Flora. Stadt- und Hafenrundflüge per Wasserflugzeug oder Hubschrauber können an der Mechanics Bay, knapp 2 km östlich der Ferry Wharf, gebucht werden. Die Fahrt auf dem **Tamaki Drive** weiter Richtung Osten führt zu einigen sehr schönen städtischen Stränden und interessanten Stopps: vorbei an der Underwater World und am Bastion Point, wo ein Maori-Versammlungshaus steht, zur Mission Bay.

Unterkunft
An Unterkünften – ob in Hotels, Motels oder Pensionen – mangelt es in Auckland nicht.

Obere Preisklasse:
Auckland Airport Traveldge, Ascot Road, Mangere, ☎ 275 1059. 248 Zimmer, First-Class; 2 km vom Flughafen entfernt (Zubringerbus).

*Das Regent in Auckland – ein Hotel
der Spitzenklasse*

Auckland City Travelodge,
96 Quay Street, ☎ 377 0349
(Stadtzentrum). 188 Zimmer,
First-Class; neben City Air
Terminal.
Hyatt Auckland, Princes Street,
☎ 366 1234 (Zentrum). 275 Zim-
mer, Deluxe; auf einem Hügel
neben Main Street.
Park Royal, Customs Street
East, ☎ 377 8920 (Zentrum). 190
Zimmer, First-Class.
Regent of Auckland, Albert
Street, ☎ 309 8888 (Zentrum).
332 Zimmer, Deluxe-Klasse;
Aucklands hypermodernes Top-
Hotel.
Sheraton Auckland, 83 Sy-
monds Street, ☎ 379 5132 (Up-
town). 407 Zimmer, Deluxe-Klas-
se, einschließlich „Towers";
1 km vom Stadtkern entfernt.

*Mittlere Preisklasse mit gutem
Standard:*
Barrycourt Motor Inn,
12 Gladstone Road, Parnell,
☎ 303 3789. 40 Zimmer; 2 km
außerhalb; gehört zur Best-We-
stern-Gruppe.
**Portage Peninsula Motor Ho-
tel**, Elm Street, Avondale,
☎ 828 1179. 52 Zimmer; westliche Vorstadt.
Rose Park Quality Inn,
100 Gladstone Road, Parnell,
☎ 377 3619. 112 Zimmer; 2 km
östlich vom Stadtkern.
Waipuna Hotel, 58 Waipuna
Road, Panmure, ☎ 527 3114.
155 Zimmer; südöstlicher Rand-
bezirk.

Untere Preisklasse:
Ascot Parnell, 36 St Stephen
Avenue, Parnell, ☎ 309 9012
(2 km östlich vom Stadtzentrum). Gemütliche Pension mit
neun Zimmern in einem restaurierten historischen Gebäude.
Aspen Lodge, 62 Emily Place,
☎ 379 6698 (zentral, 1 km östlich der Main Street). 40 Betten,
preiswert.
**Auckland Metropolitan
YMCA**, Pitt Street, Uptwon,
☎ 303 2068. 131 Zimmer; 1 km
westlich der Main Street.
Railton Travel Hotel,
411 Queen Street, ☎ 379 6/487
(Uptown). 130 Zimmer, mittlerer
Standard, an die Heilsarmee
angeschlossen.
North Shore Caravan Park,
52 Northcote Road, Takapuna,
☎ 419 1320 (4 km hinter der Hafenbrücke). Campingplatz mit
Cabins.
**Takapuna Beach Motor
Camp**, 22 The Promenade, Takapuna, ☎ 489 7909 (6 km hinter der Hafenbrücke). Stell- und
Zeltplätze sowie Wohnwagen
zum Mieten.

Restaurants

Alle nachfolgend aufgeführten Restaurants besitzen eine Alkoholverkaufslizenz. Daneben gibt es zahlreiche Restaurants, in denen „BYO" *(bring your own)* gilt; dort kann man seine alkoholischen Getränke, in der Regel Wein, selbst mitbringen, was natürlich wesentlich billiger kommt. (Siehe auch Kulinarisches, S. 99.)

Antoines, 33 Parnell Road, 2 km vom Stadtkern; exzellente französische Küche.
BNZ Tower, Queen Street, Innenstadt; Imbißstuben, 4. Stock.
Chase Plaza, Queen Street, Innenstadt; Imbißstuben im vierten Stock.
Cin Cin, Ferry Buildings, Quay Street, Innenstadt; ein beliebtes Restaurant im gemütlichen Kaffeehaus-Stil.
Harbourside, Ferry Buildings, Quay Street, Innenstadt; ein bekanntes und gut besuchtes First-Class-Restaurant.
Hunting Lodge, Matua Valley Vineyard, Kumeu; 44 km nordwestlich.
Jurgens, Wyndham Street, zentral; exzellente neuseeländische und europäische Küche.
Meridien Room, Park Royal Hotel; hoher Standard, herrliche Aussicht.
Number Five, 5 City Road, Stadtzentrum, gegenüber vom Sheraton; vorzügliche europäische Küche.
Park Royal Brasserie, Park Royal Hotel, beliebtes Esslokal.
Sails, Westhaven Marina, 2 km außerhalb; Fisch und Meeresfrüchte; schöner Hafenblick.
Spalato, 417 Manukau Road, Epsom, 8 km außerhalb der Stadt; europäische First-Class-Küche.

Tony's Lord Nelson, Victoria Street, Innenstadt; relativ preiswertes Steakhaus.
Top of the Town, Hyatt Kingsgate Hotel; Top-Standard mit entsprechenden Preisen; schöner Ausblick.
Internationale Restaurants
Ariake, Lower Albert Street, zentrale Lage; japanische Küche.
La Trattoria, 259 Parnell Road, 2 km außerhalb; italienische Küche.
Mai Thai, 57 Victoria Street, zentral; thailändische Küche.
Mekong, 295 Queen Street, Midtown; vietnamesische Küche.
New Orient, Strand Arcade, Queen Street, chinesische Küche.
Außerdem findet man **McDonalds, Kentucky Fried Chicken** und **Pizza Hut** überall in der Stadt.

Unterhaltung und Nachtleben

Sport

Pferderennen auf dem Ellerslie Racecourse oder Rugby (im Winter) im Eden Park locken viele Fans an. Jährlich, am vierten Montag im Januar, tummeln sich bei der internationalen Anniversary Day Regatta unzählige Jachten und sonstige Boote im Waitemata-Hafen und im Golf. Mitte Januar wird regelmäßig ein internationales Grand-Prix-Rennen veranstaltet. Im Sommer finden Tennis- und Golf- sowie jeden Samstag Leichtathletik- oder Kricketturniere zwischen Regionalmannschaften statt.

Musik und Theater

Im **Aotea Centre** und in der **Town Hall** (beide Aotea Square, Queen Street) spielen häufig das Auckland-Philharmonie-Orchester oder Gastensembles aus aller Welt. Das **Mercury Theatre** (France Street Ecke Karangahape Road) ist Aucklands einziges professionelles Theater mit Schauspiel- und Operninszenierungen sowie verschiedenen Shows.

Nachtleben

Ein schillerndes Nachtleben hat Auckland nicht anzubieten – die meisten Lokale schließen bereits um 22 Uhr. Es gibt immerhin einige Nachtklubs mit Diskomusik wie etwa **Keeleys** in der Queen Street oder der **Cotton Club** in der Ponsonby Road, der mittwochs bis samstags mit Live-Jazz aufwartet. Samstagabends erklingt Jazzmusik in der **Alexandra Tavern** in Parnell, Variétévorstellungen locken im **Burgundys of Parnell**. Das **Shakespeare Ravern** (Ecke Albert/Wyndham Street) zieht mit seinem selbstgebrauten Bier eine buntgemischte Kundschaft an. In den meisten Vorstadtkneipen trinkt man sein Bier zur dröhnenden Musik einer Band. Striptease-Shows kann man am unteren Ende der Queen Street wie auch in der Karangahape Road sehen. Die Kinos im Stadtzentrum und in den Außenbezirken zeigen meist die neuesten Filme amerikanischer und englischer Provenienz.

Shopping

Central Auckland ist quasi eine einzige Einkaufsstraße, wobei die Queen Street Einheimische und Touristen gleichermaßen anzieht. Folgt man der Queen Street bergauf, erreicht man die Karangahape Road; in der Nähe des Sheraton-Hotels locken bunt gemischte, vorwiegend polynesische Geschäfte. Neben Schaffellen und Maori-Schnitzereien werden exotische Lebensmittel angeboten. Sonntags findet außerdem ein polynesischer Markt statt. Central Auckland besitzt nur zwei große Kaufhäuser – **Smith and Caughey** in der Main Street und **Farmers**, ein paar Straßen weiter. Beide sind sehr gut sortiert. **Downtown Mall** unten an der Queen Street ist eine überdachte Einkaufspassage. Im nahegelegenen **Customhouse** von 1888, Ecke Queen/Customs Street, haben sich kleine Kunsthandwerksläden angesiedelt. Die schönen Geschäfte und gemütlichen Restaurants im viktorianischen Stil verleihen dem Stadtteil **Parnell**, nordöstlich von Auckland Domain, einen ganz besonderen Flair – hier treffen sich Aucklander zum Bummeln und Plaudern. Parnell ist einer der ältesten Stadtteile Aucklands und wurde durch Privatinitiative vor dem Abriß gerettet. Besonders pittoresk sind die restaurierten Häuser im *Domain* und *Parnell Village*; hier findet man alles – vom Kitsch bis zur Kunst. Die Stände des 1 km westlich des Stadtkerns gelegenen **Victoria Park Market** bieten täglich bis 19 Uhr Souvenirs und frische Lebensmittel an. Asiatische Waren und Restaurants werden auf dem **Oriental Market**, ein paar Straßen östlich vom Stadtzentrum, angeboten. Auch in den Vorstädten wie z. B. Takapuna im Norden, Pakuranga im Osten, Lynmall im Westen oder Manukau im Süden gibt es gut sortierte Einkaufszentren.

Informationen

Visitor Information Centre, 299 Queen Street, Aotea Square, ☎ (09) 366 6888, Fax 358 4684.

Sehenswürdigkeiten im Norden

◆ ◆
BAY OF ISLANDS

Die Bay of Islands, ca. 240 km nördlich von Auckland, ist nicht nur historisch bedeutend, sondern auch eines der beliebtesten Feriengebiete der Nordinsel. Der **Bay of Islands Maritime and Historical Park** mit seinem 800 km langen Küstenstreifen, unzähligen Buchten, 150 Inseln und zahlreichen Naturschutzgebieten besticht durch seine landschaftliche Schönheit. Unter Seglern und Hochseeanglern ist die Bay weltweit ein Begriff. Die größten Orte heißen Paihia, Russell und Waitangi. Kawakawa und Kerikeri sind kleine Dienstleistungszentren; Kerikeri hat einen Flughafen.

Russell

Ursprünglich hieß der Ort Kororareka und galt Anfang des 19. Jahrhunderts als „Höllenloch des Südpazifiks": Ruchlose Walfänger und Händler gerieten hier häufig in gewaltsame Auseinandersetzungen mit den einheimischen Maori. 1840, nach der Unterzeichnung des Waitangi-Vertrages zwischen der britischen Regierung und den Maori, wurde Russell die erste Hauptstadt Neuseelands – freilich nur für einige Monate. Das heute friedliche Städtchen ist mittlerweile nur noch als Verwaltungssitz des Maritime und Historical Park sowie als Zentrum der Hochseeanglerei von Bedeutung.

Zu den historischen Stätten und Touristenattraktionen zählen das **Captain Cook Memorial and Russel Centennial Museum**, das einen Einblick in die Lokalgeschichte gewährt. Unter anderem ist ein verkleinerter Nachbau von Captain Cooks Schiff „Endeavour" zu sehen. (🕐 täglich 10–16 Uhr.)

Die 1836 erbaute **Christ Church** ist die älteste erhaltene Kirche in Neuseeland. Man kann hier noch Kugeleinschüsse aus einem Scharmützel zwischen der britischen Marine und Maori-Kriegern aus dem Jahr 1845 erkennen. Auf dem

Die Bay of Islands

Kirchenfriedhof ruhen gefallene Marinesoldaten. Das **Pompallier House** (1842) nebenan gehörte zur ersten römisch-katholischen Missionsstation. (🕓 10–16.30 Uhr.)
Eine kurze, steile Straße führt zum **Flagstaff Hill** (auch Maiti Hill), wo der berühmte Maori-Führer und Widerstandskämpfer Hone Heke viermal den Flaggenmast mit der britischen Fahne fällte.

Paihia

Für die meisten Besucher der Bay of Islands ist Paihia ein idealer Standort mit guten Einkaufs- und Unterkunftsmöglichkeiten. Er erstreckt sich über drei Buchten, die im Sommer ein herrliches Baderevier darstellen. Am Paihia Wharf legen die Fähren nach Russell ab, hier starten auch die Bootsfahr-

ten durch die Bucht; am schönsten ist der fünfeinhalbstündige Cream Trip. Die **Church of St Paul** steht an der Stelle der ersten, 1823 in Neuseeland errichteten Kirche; das heutige Gebäude stammt von 1926. Hier wurde übrigens 1834 auf der ersten Druckerpresse Neuseelands das Neue Testament in Maori-Sprache gedruckt. Das renovierte Segelschiff „Tui", zwischen Paihia und Waitangi, beherbergt das **Shipwreck Museum**, in dem Schätze aus gesunkenen Schiffen längs der neuseeländischen Küste ausgestellt sind. (🕓 täglich 9–17.30 Uhr.)

Waitangi

Auf der anderen Seite der Bucht, nördlich von Paihia, liegt das Nationaldenkmal Waitangi. Im Treaty House (Vertragshaus) wurde 1840 der umstrittene Ver-

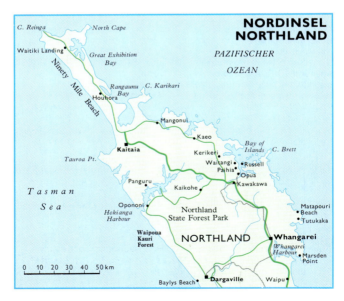

trag unterzeichnet. Das Haus wurde 1833 vom ersten britischen Residenten James Busby, der das Dokument entworfen hatte, errichtet. Im Innern sind eine Abschrift dieses Vertrages sowie diverse andere Gegenstände aus der damaligen Zeit zu sehen. (🕐 täglich 9–17 Uhr.) Hinter dem Treaty House befindet sich das 1940 erbaute **Maori Centennial Memorial Meeting House**, ein Versammlungshaus der Ureinwohner mit Schnitzereien von allen Stämmen der Nordinsel. Nebenan ist ein 36 m langes geschnitztes Maori-Kriegskanu zu besichtigen. Alljährlich am 6. Februar, dem Waitangi Day, wird das Kanu zur Feier des Vertragsabschlusses zu Wasser gelassen.

Kerikeri

Kerikeri, 23 km von Paihia entfernt, ist ein malerischer Ort, der hauptsächlich von Zitrusfruchtanbau und Kunsthandwerk lebt. Das **Kerikeri Mission House** (nach dem damaligen Missionar auch Kemp House genannt) entstand 1822 und ist das älteste, noch erhaltene europäische Bauwerk Neuseelands. (🕐 täglich 10.30–16.30 Uhr.) Der alte **Stone Store** von 1835 beherbergt einen kleinen Laden sowie ein Museum. Jenseits der Brücke am Kerikeri Inlet liegt **Rewa's Village**, der Nachbau eines Maori-Dorfes aus der Zeit vor Ankunft der Europäer.

Ausflüge

Von Paihia aus kann man verschiedene Bootsfahrten buchen – auch auf einem Segelschiff. Außerdem starten von hier aus eintägige Bustouren in andere Teile des Northland; besonders beliebt ist Cape Reinga (siehe

Segeln vor der Nordinsel

S. 28). Im Sommer werden auch Tagestouren in den Waipoua Kauri Forest (siehe S. 36) angeboten.

Unterkunft

Das Top-Hotel dieser Gegend ist das landschaftlich hübsch gelegene **Waitangi Resort Hotel** (☎ 402 7411) in Waitangi, von dem aus sich ein schöner Blick auf die Bay of Islands bietet (mit Restaurant). Bescheidener ist die **Autolodge**, Marsden Road in Paihia (☎ 402 7416; mit Restaurant). Daneben gibt es eine Reihe von Motels wie etwa das **Abel Tasman**, Waterfront, Paihia (☎ 402 7521). Viele Hochseeangler zieht es ins altehrwürdige **Duke of Marlborough**, The Strand (☎ 403 7829; mit Restaurant) in Russel, auf der anderen Seite der Bay. Für Camping-Freunde gibt es an der Straße von Paihia nach Opua, etwa 2 km von Paihia entfernt, das **Smiths Holiday Camp** (☎ 402 7678).

Restaurants
In den einheimischen Restaurants werden vor allem Fisch und Meeresfrüchte serviert. Einen Versuch wert sind das **Bella Vista** oder **The Tides** in Paihia oder auch das direkt am Wasser gelegene **The Gables** in Russell.

◆
CAPE REINGA
Von der äußersten Nordspitze Neuseelands, wo der Blick weit auf das Meer hinausgeht, kehrten nach der Maori-Legende die Seelen der Verstorbenen in ihre legendäre Urheimat "Hawaiki„ zurück. Sie können zwar mit dem Auto zum Cape Reinga fahren, bequemer ist jedoch die Busfahrt. Der Leuchtturm am Kap ist für die Öffentlichkeit nicht zugänglich. In den benachbarten Buchten erstrecken sich hübsche Strände, auch ein kleiner Campingplatz ist vorhanden, und ein paar Kilometer südlich, in Waitiki Landing, gibt es einen Laden und ein Restaurant.
Auf der Hinfahrt lohnt sich ein Stopp in Houhora für einen Besuch des **Wagener Museum**, das naturgeschichtliche Exponate, alte Gebrauchsgegenstände und Kunst der Maori enthält. (🕐 täglich 9–17 Uhr.)
Tagestouren zum Kap werden von Paihia oder dem nördlicher gelegenen Kaitaia aus angeboten. Auf der Rückfahrt fahren die Busse entlang der Sanddünen des sogenannten **Ninety**

Mile Beach, der eigentlich nur 64 Meilen (103 km) lang ist. Das Befahren des Strandes ist nur routinierten Fahrern zu empfehlen, in Mietautos ist es verboten; die nördliche Strandzufahrt ist Bussen vorbehalten.

◆
HAMILTON
127 km südlich von Auckland
Hamilton, im Landesinneren am Waikato River, dem längsten Fluß Neuseelands, gelegen, zählt zu den wenigen Großstädten des Landes. Ursprünglich gab es beiderseits des Flusses zwei Siedlungen, die nach den Kriegen gegen die Waikato-Maori (s. S. 10) hier für die Soldaten errichtet worden waren. Das gute Weideland der Waikato-Region eignet sich besonders für die Milchviehhaltung. Alljährlich finden im Juni am Mystery Creek die National Field Days, die größte Landwirtschafts- und Gartenbauausstellung der südlichen Hemisphäre, statt. Interessant ist auch der **Farmworld-Park** mit seinen Tieren, der Holzausstellung und Museen über Milchwirtschaft und Clydesdale-Pferdezucht (🕐 täglich 9–17 Uhr). In den **Hamilton Gardens** findet man Gewächshäuser, Kamelien, Rosen und viele Baumarten (🕐 täglich; Eintritt frei). Weitere Parks liegen am Waikato River und am Hamilton Lake, westlich der Stadt. Mit der *MV Waipa Delta* kann man Raddampferfahrten auf dem Fluß unternehmen.

Unterkunft
Die Unterkünfte beschränken sich im wesentlichen auf Motels oder Motor Inns, bieten aber gewöhnlich einen guten Standard. Zu empfehlen ist das **Am-**

bassador Motor Inn, 80 Ulster Street, ☎ 839 5111, oder das Fountain City Motor Inn, 305 Ulster Street, ☎ 839 3107.

Restaurants
Familienfreundlich ist das Cobb & Co im Commercial Establishment Hotel, Victoria Street. Für den verwöhnteren Gaumen gibt es das Gainsborough House, Ulster Street, Anderson's, London Street, oder das Montana Restaurant, Victoria Street. Für Fast-food-Liebhaber gibt es Kentucky Fried Chicken und Pizza Hut.

Shopping
Die Hauptgeschäftsstraße in Hamilton ist die Victoria Street. Schauen Sie vor allem in die Centrepoint Mall auf halber Höhe der Victoria Street. Weitere Einkaufsmöglichkeiten bietet der Chartwell Square außerhalb des Zentrums.

Information
Visitor Centre, Angelsea Street, ☎ (07) 839 3360, Fax 839 0794.

ROTORUA
234 km südöstlich von Auckland
Schon lange, bevor Sie Rotorua erreichen, wird Ihnen ein penetranter Geruch nach faulen Eiern in der Nase liegen. Aufgrund geothermischer Prozesse sprudeln heiße Quellen, schießen Geysire hoch in die Luft, fauchen Krater und blubbern Schlammlöcher. Beschaulicher geht es an den vierzehn klaren Seen, beliebten Angelrevieren, und dichten Wäldern zu. Rotorua ist außerdem ein Zentrum für Maori-Kunst und -Kultur. Der Ort entstand Ende des 19. Jahrhunderts, als die Europäer den therapeutischen Wert der Thermalquellen erkannten (die Maori wußten davon schon lange vorher). Das anfänglich schnelle Wachstum der Stadt wurde 1886 durch die Eruption des Mount Tarawera, bei der drei Maori-Dörfer vernichtet wurden und 150 Menschen den Tod fanden, gebremst. Damals wurden auch die ungewöhnlichen Pink and White Terraces – rosa-weiße Kalksteinterrassen –, ein berühmtes Touristenziel, zerstört.

Heiße Quellen
Rotorua liegt mitten in einer Vulkanzone, die sich durch die Nordinsel zieht. Im Whakarewarewa Thermal Reserve, kurz „Whaka" genannt, befin-

Cape Reinga, der nördlichste Punkt Neuseelands

den sich die berühmten Geysire Pohutu und Prince of Wales Feathers. Manchmal schleudert der Pohutu alle 30 Minuten eine bis zu 30 m hohe heiße Fontäne empor, meistens sind die Intervalle jedoch unregelmäßig. Am Haupteingang steht die Replik eines Maori-Wehrdorfes. Auf dem Gelände liegt auch das Maori-Dorf Whakarewarewa. Die Maori nutzen die heißen Teiche auch heute noch zum Wäschewaschen, Kochen und Baden. (🕐 täglich 8.30–17 Uhr. Eintrittsgebühr.)

Das Village Craft Centre befindet sich gleich am Eingang. Daneben steht das Maori Arts und Crafts Institute, das sich die Erhaltung der Maori-Tradition zur Aufgabe gemacht hat. Es ist für die Öffentlichkeit zugänglich (Eintritt frei). Einen weniger spektakulären, dafür aber kostenlosen Eindruck von Geothermik erhält man im **Kuirau Park**, Ranolf Street, sowie an einigen Uferstellen des Lake Rotorua. Im kleinen Vorort **Ohinemutu**, nicht weit vom Stadtzentrum, blubbern kleinere Dampflöcher neben der anglikanischen Maori-Kirche St Faith's, bekannt für ihre Schnitzereien und ein modernes Fenster, auf dem Christus als Maori-Häuptling dargestellt ist. Etwa 16 km nordöstlich liegt **Tikitere**, ein weiteres aktives Thermalgebiet mit brodelnden Quellen und kochendem Schlamm. Es heißt bezeichnenderweise **Hell's Gate** – das „Tor zur Hölle". (🕐 täglich 9–17 Uhr.)

Auch **Waimangu** (🕐 täglich 8.30–17 Uhr) und **Waiotapu** (🕐 täglich von 8.30 Uhr bis Einbruch der Dunkelheit), südlich der Seen, sind sehenswerte Thermalgebiete. Überall wird Eintrittsgebühr verlangt. Weichen Sie an den Thermalquellen auf keinen Fall vom Weg ab. Ein verkehrter Schritt könnte Ihnen zum Verhängnis werden.

Weitere Sehenswürdigkeiten
Bootsausflüge auf dem **Lake Rotorua** werden unten an der Hauptstraße angeboten. Zu den Attraktionen der zehn größten Seen der Region zählen die Thermalquellen um den Lake Rotomahana sowie die fantastischen Farben der Blue and Green Lakes (Lake Tikitapu und Lake Rotokakahi), aber auch die Fahrt durch den Busch zum Lake Okataina. Ein beliebter Tagesausflug ist der **Waimangu-Tarawera Round Trip**. Dazu gehören der Besuch des Waimangu-Tals mit seinen Thermalquellen, Bootsfahrten auf zwei Seen, eine kleine Wanderung zwischen den beiden Seen sowie eine Besichtigung des 1886 beim Vulkanausbruch

verschütteten Maori-Dorfes Te Wairoa. Lake Rotorua wird aus drei bis vier größeren Quelltöpfen gespeist. In diesen Teichen werden Forellen gezüchtet. Einfach zu erreichen sind die nicht weit von der Stadt (5 km) entfernten **Rainbow** und **Fairy Springs** inmitten einer dichten Buschvegetation. Attraktionen sind daneben ein Kräutergarten und ein Craft Centre (🕒 täglich 8.30–17.30 Uhr), eine Kabinenseilbahn, mit der man zu einem Aussichtspunkt hochfahren kann, und die Tierausstellung der Rainbow Farm. 8 km weiter, Richtung Ngongotaha, liegt das **Agrodome,** in dem alles über Schafzucht, Hirtenhunde und Schafschur gezeigt wird. (Vorführungen täglich um 9.15, 11 und 14.30 Uhr. Eintrittsgebühr.) Stadtführungen beinhalten die **Rotorua Government Gardens** (nur ein paar Häuserblök-

Prince of Wales Feathers, Rotorua

ke von der Haupteinkaufsstraße entfernt) und das **Redwood Memorial Grove** bei Whaka. In den Government Gardens befinden sich die **Polynesian Pools**, private und öffentliche Thermalbäder, in denen auch Massage und Sauna angeboten wird. (🕒 täglich bis 22 Uhr.) Zurück im Stadtzentrum lädt die Blumenpracht der **Orchid Gardens** an der Hinemoa Street zu einem Bummel ein. (🕒 täglich 10–22 Uhr. Eintrittsgebühr.)

Unterkunft
Top-Hotels unter den zahlreichen Unterkünften sind das **Sheraton**, Fenton Street (☎ 348 7139), das **Hyatt Kingsgate**, Eruera Street (☎ 347 1234), und das **THC Rotorua**, Whakarewarewa (☎ 348 1189). Unter den Motor Inns sind die **Rotorua Travelodge**, Devonwood Manor, 312 Fenion Street, und das **Geyserland Resort Hotel**, Fenton Street, empfehlenswert. Wenn Sie ein Motel suchen, versuchen Sie das **Wylie Court**, 245 Fenton Street, (☎ 347 7879). Daneben bietet Rotorua exklusive Resort Lodges wie etwa das **Muriaroha**, 411 Old Taupo Road, oder die **Moose Lodge**, 23 km außerhalb am Lake Rotoiti.
Im Gebiet gibt es zahlreiche Campingplätze; erwähnt seien das **Rotorua Thermal Motor Camp** beim Whakarewarewa Thermal Reserve sowie der **Holden's Bay Holiday Park**.

Restaurants
Etwas Besonderes sind die *Hangi*-Dinners mit Maori-Musik, die regelmäßig im **Rotorua International** und im **Travelodge** veranstaltet werden. **Caesars** in

Traditoneller Maori-Tanz

der Innenstadt serviert ausgezeichnetes Lamm, kontinentale (teure) Küche bietet das **Lewishams**, 115 Tutanekai Street. Familien werden im **Cobb & Co**, Hinemoa Street, gut bedient. **Pizza Hut** und **McDonalds** finden Sie im Zentrum. Eine schöne Aussicht während des Essens bieten zwei Restaurants am Mount Ngongotaha: das **Aorangi Peak Restaurant** an der Mountain Road und, an drei Tagen in der Woche, das Gipfelrestaurant der Seilbahn. Beide sind allerdings ein nicht ganz billiges Vergnügen!

Shopping
Das Einkaufszentrum der Stadt liegt an und um die Tutanekai Street. Gutes einheimisches Kunsthandwerk findet man in den Dorfläden außerhalb von Whakarewarewa. Interessante Souvenirs – Parfümerieartikel (Seife, Duftdöschen etc.) und Kräuterpflanzen – gibt es auch im **Hillside Herbs** an der Talstation der Kabinenseilbahn.

Unterhaltung
Wie schon erwähnt, veranstalten die größeren Hotels wie z. B. das **Rotorua International** oder die **Travelodge** *hangi*-Dinners (Zubereitung der Mahlzeiten in Erdöfen, s. S. 99) mit traditionellen Maori-Tänzen und -Gesängen. Tischreservierungen sind unbedingt erforderlich. Tagsüber kann man sich auf Boots- und Angelausflügen entspannen oder auf Rundflügen die Stadt und Umland aus der Luft erkunden.

Information
Visitor Centre, 67 Fenton Street, ☎ (07) 348 5179, Fax 348 6044.

◆ ◆
TAUPO
280 km südöstlich von Auckland, 82 km südlich von Rotorua
Der angenehme Urlaubsort an Neuseelands größtem See liegt genau in der Mitte der Nordinsel. Der 600 km² große Lake Taupo, berühmt für seine Forellen, liegt 369 m über dem Meeresspiegel. Der See ist ein mit Wasser gefüllter Krater, der vor etwa 2000 Jahren durch gewaltige Vulkanausbrüche entstand. Um den See herum sprudeln mehrere Thermalquellen. Im **Wairakei Geothermal Power Field**, 9 km nördlich von Taupo, schießt Naturdampf aus dem Boden, der in einem geothermi-

schen Kraftwerk seit 1950 zur Stromerzeugung genutzt wird. Ein Informations-Zentrum gibt einen Überblick über die interessante Technik; die Bohrungen z. B. reichen bis in 1200 m Tiefe. In der Nähe locken die **Craters of the Moon** – ein gespenstisches (derzeit noch kostenlos zu besichtigendes) Thermalgebiet mit brodelnden Wasserbekken mitten in einem Pinienwald. Reisende mit Kindern sollten hier besonders achtgeben. Die Straße führt weiter zu den **Huka Falls**, wo sich der Waikato River durch eine enge Schlucht preßt, bevor er als spektakulärer Wasserfall 11 m in die Tiefe stürzt. Nicht weit davon entfernt befindet sich der **Aratiatia Dam and Rapids**. Hier wird der Waikato River zur Stromerzeugung in einem Wasserkraftwerk durch einen Tunnel umgeleitet. Täglich zwischen 10 und 14.30 Uhr wird das Wasser jedoch über das alte Flußbett gelenkt. Es stürzt 28 m tief auf das ausgetrocknete, felsige Flußbett, das sich dann von einer Minute auf die nächste in einen reißenden Strom verwandelt.

Unterkunft und Restaurants
In Taupo hat man eine große Auswahl guter Motels; u. a. **Cascades Motor Lodge**, 9–11 State Highway 1, Süd-Taupo, ☎ 378 3774, und **Oasis Beach Resort**, Lake Terrace, ☎ 378 9339. **Manuels**, Lake Terrace, ☎ 378 5110, zählt zu den gehobeneren Motor Inns. Das **THC Wairakei** in Wairakei (☎ 374 8021) bietet guten Standard und außerdem einen den internationalen Normen entsprechenden Golfplatz. Die exklusive **Huka Lodge**, Huka Falls Road, Taupo, ☎ 378 5791, bietet viel

Komfort und ist entsprechend teuer. Des weiteren gibt es mehrere Motor Camps. Verwöhnte Gaumen speisen im **Manuels Restaurant**, billiger und familienfreundlicher ist **Cobb & Co** und das **Lake Establishment Hotel**.

Shopping
Auf der Hauptdurchgangsstraße Tongariro Street reiht sich ein Geschäft an das andere; auch ein Bummel durch die Seitenstraßen lohnt sich.

Information
Visitor Centre, Tongariro Street, ☎ (07) 378 9000, Fax 378 9003.

◆
TAURANGA
206 km südöstlich von Auckland
Tauranga und seine Vorstadt Mount Maunganui liegen an der Bay of Plenty, so getauft von Captain Cook, der hier 1769 gastfreundlich von den einheimischen Maori empfangen wurde. Die Stadt scheint eher von Ruheständlern als von Touristen geprägt zu sein, ist aber wegen ihrer Geschichte oft im Programm der Drei- oder Viertagesausflüge südlich von Auckland enthalten. Tauranga war Schauplatz der Auseinandersetzungen zwischen den Maori-Stämmen; 1864 tobte hier außerdem die Schlacht von Gate Pa zwischen der britischen Armee und den Maori. Wenige Wochen nach der Schlacht wurden die Maori endgültig besiegt und mußten ihr Land an die britische Krone abtreten. Das **Tauranga Historic Village**, 17th Avenue West, ist ein Freilichtmuseum, ein nachgebautes Dorf aus der Zeit der Maori-Kriege mit Häusern, Geschäften,

Eisenbahn, Anlegestelle und Sägemühle. (🕐 täglich 10–16 Uhr. Eintrittsgebühr.)
Die aufstrebende Hafenstadt Mount Maunganui, kurz „**The Mount**", ist mit Tauranga über eine Mautbrücke verbunden. Ihre Hauptattraktion ist der 13 km lange **Ocean Beach**. Wanderwege führen rund um und hinauf zum eigentlichen „Mount", einem 232 m hohen Vulkankegel, wo ein wunderschöner Ausblick auf Tauranga die Anstrengung belohnt. Am Fuß des Berges liegen die Hot Salt Water Pools – Becken mit heißem Meerwasser. Außerdem sind Reste der alten Maori-Festung *(pa)* zu sehen.

Unterkunft und Restaurants
Das beste Hotel in Tauranga ist das **Willow Park**, 9 Willow Street, ☎ 578 9119. Das **Redwood Motel**, Ecke Fraser Street/13th Avenue, ☎ 578 9412, liegt sehr zentral, und das **Tauranga Motel**, 1 Second Avenue, ☎ 578 7079, besitzt einen Privatstrand. Daneben gibt es Motorcamps und Holiday Parks. Für das leibliche Wohl sorgen **Olivers Restaurant**, Devonport Road, **Charlie Browns**, Cameron Road, oder das **Chart House** mit Blick über den Jachthafen.

Shopping
Die zentrale Einkaufsstraße in Tauranga ist die Devonport Road, daneben gibt es aber zahlreiche Geschäfte in den Seitenstraßen. Weitere Einkaufsmöglichkeiten findet man am Hafen Mount Maunganui.

Information
Information Centre, ☎ (07) 578 8103, Fax 577 6268.

◆◆
THAMES UND DIE COROMANDEL PENINSULA
115 km südöstlich von Auckland
Das Städtchen Thames, das Tor zur Coromandel-Halbinsel mit ihrer wilden, ursprünglichen Landschaft, liegt abseits vom Touristentrubel. Es erlebte seine große Blüte nach dem ersten großen Goldfund im Jahre 1867. Das Gold stammte hauptsächlich aus Quarzsteinen, die in großen Maschinen zermalmt wurden. Von den Goldminen und alten Maschinen gibt es hier noch zahlreiche Spuren. Im Ort gibt es ein Museum sowie weitere Relikte aus der Zeit des Goldrausches zu besichtigen.

Kauaeranga Valley
Sieben Meilen südöstlich von Thames erstreckt sich eine pittoreske ursprüngliche Buschvegetation. Früher arbeiteten hier wegen des wertvollen Kauri-

Auf der Coromandel Peninsula

Holzes zahlreiche Sägewerke.
Buschwanderwege erschließen
die Gegend, immer wieder laden
Picknickplätze zu einer Rast ein.

Karangahake Gorge
Südlich von Thames zwischen
Paeroa und Waihi öffnet sich
eine kleine steile Schlucht. Ein
4,5 km langer Wanderweg, entlang einer stillgelegten Eisen-
bahnlinie, bietet viele wunderschöne Ausblicke; unterwegs
stoßen Sie immer wieder auf Relikte der Goldgräberzeit.

Coromandel Peninsula
Im Sommer lockt die Bilder-
buchküste mit herrlichen Stränden die Auckländer an. Die
Halbinsel besteht aus einer
zerklüfteten Bergkette; dichte
Wälder sind typisch für die neuseeländische Buschvegetation.
Der Ort **Coromandel** liegt

54 km nördlich von Thames. Ein
Besuch lohnt schon wegen der
schönen Fahrt auf malerischer
Küstenstraße. Sehenswert in
Coromandel sind das Berg-
werksmuseum und einige hübsche Gebäude im kolonialen
Stil.
Whitianga an der Ostküste ist
ein vor allem bei Hochseeanglern populärer Urlaubsort.

Unterkunft
Das **Brian Boru Hotel** in
Thames, Ecke Pollen/Richmond
Street, ☎ 868 6523, ist ein 1868
im Kolonialstil erbautes Hotel
mit einer gemütlichen Atmosphäre und anständigen Preisen. Wer ein Motel vorzieht, ist
in der **Coastal Motor Lodge**,
608 Tauru Road, ☎ 868 6843,
gut aufgehoben. Einen komfor-
tablen Campingplatz, **Waiomu
Bay Holiday Park**, ☎ 868 2777,
findet man 13 km nördlich an
der Küste.

Information
Information Office, Queen
Street, Thames, ☎ (07)
868 7284.

◆ ◆
TONGARIRO NATIONAL PARK
331 km südlich von Auckland
Das Gebiet im Zentrum der
Nordinsel wurde 1887 zum er-
sten Nationalpark Neuseelands
ernannt. Der Name Tongariro
National Park bezieht sich auf
das gesamte Schutzgebiet, nicht
zu verwechseln mit National
Park, dem Namen der winzigen
Gemeinde am Rande des Natio-
nalparks. Den 75 000 ha großen
Park dominieren drei Vulkane:
Mount Ruapehu (2797 m),
Mount Ngauruhoe (2291 m) und
Mount Tongariro (1968 m). Rua-

Vulkane dominieren den Tongariro-Nationalpark

pehu und Ngauruhoe sind immer noch aktiv. Auf dem Ruapehu liegt, umgeben von Schnee und Eis, ein warmer Kratersee. Am Heiligabend 1953 löste ein Vulkanausbruch eine gewaltige Schlammlawine aus, die eine Eisenbahnbrücke wegriß, kurz bevor ein Zug sie überqueren wollte; 153 Menschen starben. Abgesehen von ein paar Rauchwolken, die ab und zu vom Ngauruhoe aufsteigen, sind die Vulkane normalerweise jedoch recht friedlich.

Skisport
Der Ruapehu ist das größte Skigebiet der Nordinsel. Die Saison für den weißen Sport beginnt im Juni und dauert bis September. Wer ins Skigebiet will, fährt von der Ortschaft National Park aus über **Whakapapa Village**, wo man auch Unterkünfte, Skihütten und die Park Headquarters (🕐 täglich 8–17 Uhr) findet. Die Top o' the Bruce Road führt dann von hier aus zu den Skiliften auf 1622 m Höhe. Während der Skisaison verkehren auch Busse. Zu den südlichen Skipisten (Turosa) gelangt man über die Mountain Road von Ohakune aus.

Wandern
Im Sommer ist der Nationalpark, abgesehen von den drei Vulkanen, schneefrei. In dem kargen, von Tussock-Grasflächen bedeckten Gebiet sind unterschiedlich lange Wanderwege ausgeschildert, die eine halbe Stunde oder auch mehrere Tage lang durch den Park führen. Wenn Sie längere Wanderungen planen, sollten Sie unbedingt die Park Headquarters informieren, denn wenn das Wetter plötzlich umschlägt, könnten Sie Hilfe brauchen.

Unterkunft
Das **Chateau** in Whakapapa Village an den Hängen des Mount Ruapehu, zählt zu den renommiertesten Hotels in Neuseeland. Es besitzt eigene Restaurants, ein Hallenbad, Sauna usw. und ist entsprechend teuer. Einfachere Unterkunftsmöglichkeiten bieten sich in Form von Chalets an.

◆
WAIPOUA KAURI FOREST
250 km nördlich von Auckland
Im Northland, westlich von Paihia in der Bay of Islands (s. S. 26), erstreckt sich eine dichte endemische Buschvegetation, der Waipoua Kauri Forest. Die riesigen Kauri-Bäume, die einst fast die gesamte Nordhälfte der Nordinsel bedeckten, sind in diesem Park geschützt. In dem 9 ha großen Forest Park wachsen etwa 300 verschiedene Baum- und Pflanzenarten. Ein Kauri-Baum braucht 1000 Jahre, bis er voll ausgewachsen ist und dann bis zu 50 m hoch geworden ist; der Umfang eines Baumriesen kann gut 15 m erreichen. Die hohen astlosen Stämme wurden vorzugsweise

für Schiffsmasten und den Hausbau verwendet, aber auch das Harz war ein begehrter Rohstoff zur Herstellung von Firnis. Die Bäume, die den Kahlschlag des 19. Jahrhunderts überlebten, stellte man unter Naturschutz.

Der berühmteste Baum des Waipoua Forest Park ist der **Tane Mahuta** („Gott des Waldes"). Dieser gewaltige Baum soll zwölf Jahrhunderte alt sein; das Astwerk beginnt 12 m über dem Boden. Der Weg zu diesem Giganten ist ausgeschildert. Der Forest Park steht auf dem Programm der meisten Northland-Bustouren; es gibt hier allerdings keine Einkaufs- oder Übernachtungsmöglichkeiten.

WAITOMO CAVES

202 km südlich von Auckland
Diese drei weltweit bekannten Kalksteinhöhlen beeindrucken durch ihr Gängesystem, ihre unterirdischen Säle mit den bizarren Stalaktiten und Stalagmiten. Die berühmteste von ihnen, **Waitomo Cave,** ist jedoch vor allem wegen ihrer Glühwürmchengrotte bekannt. In Booten werden die Besucher auf einem unterirdischen Fluß durch die Grotte gefahren, die von Abertausenden von über dem Felsgewölbe hängenden Glühwürmchen erleuchtet wird. Die lärmempfindlichen neuseeländischen Glühwürmchen sind die Larven einer kleinen Fliegenart. Grottenführungen werden stündlich (in der Hochsaison auch öfter) von 9 bis 16.30 Uhr durchgeführt.

Etwa 2 km weiter gelangt man zur *Ruakuri Cave,* der größten des Höhlentrios, während die *Aranui Cave,* gleich daneben,

als die schönste gilt. Es gibt in dieser Gegend noch viele weitere Höhlen zu erkunden.

In Waitomo gibt es ein Hotel (das **Waitomo Hotel,** für das Sie allerdings tief in die Geldbörse greifen müssen), einige Privatunterkünfte und einen Campingplatz. Abgesehen von ein paar Souvenirläden sind die Einkaufsmöglichkeiten begrenzt. Die nächsten Ortschaften heißen Otorohanga und Te Kuiti. Zwar liegt Waitomo nicht auf der Strecke von Auckland nach Rotorua, doch wegen seiner Grotte nehmen viele Bustouren diesen Umweg in Kauf.

WHAKATANE

302 km südöstlich von Auckland, 96 km östlich von Tauranga
Whakatane liegt an der Bay of Plenty, an der Mündung des Whakatane River, die seinen Hafen bildet. Der Ort war ursprünglich eine Maori-Wehranlage. Der Ort bezeichnet sich als den sonnenreichsten Fleck der Nordinsel; der 6 km weiter östlich gelegene **Ohope Beach** mit seinen herrlichen Surf- und Angelmöglichkeiten ist im Sommer ein beliebtes Ausflugsziel.

Unterkunft und Restaurants
In Whakatane sei das Motel **Chatswood Manor,** 34 Domain Road, ☎ 307 0600, empfohlen. Am Ohope Beach finden Sie die **West End Motel & Tourist Flats,** 24 Westend, ☎ 312 4665. Kulinarisches bietet das **Chatswood Restaurant** oder **The Reef Restaurant** (teuer).

Information
Information Office, Boon Street, ☎ (07) 308 6058, Fax 307 1242.

◆
WHANGAREI
Im Northland, 170 km nördlich von Auckland
Die größte Stadt des Northland ist Handels- und Industriezentrum sowie Jachthafen. Stehen Sie am Mount Parahaki, liegen Ihnen Stadt und Hafen zu Füßen. Eine besondere Attraktion ist das Uhrenmuseum **Clapham Clock Museum,** Central Park Rose Gardens, mit einer Sammlung von über 500 Uhren, die ältesten aus dem 17. Jahrhundert. (☾ Mo–Fr 10–16 Uhr, Sa/So 10.15–15 Uhr. Eintrittsgebühr.)
Einen Besuch wert ist auch das **Northland Regional Museum,** dessen Exponate in einem schönen alten Gebäude den passenden Rahmen fanden. (☾ So–Fr 10–16 Uhr, Sa 12.30 bis 15.30 Uhr. Eintrittsgebühr.)
In einem Waldgebiet in Tikipunga, am nordöstlichen Stadtrand, stürzen die **Whangarei Falls,** aus 25 m Höhe in die Tiefe.

Unterkunft und Restaurants
Die Hotels von Whangarei heißen **Grand Hotel,** Ecke Rose/Bank Street, ☎ 438 4279 (im Ortszentrum), **Cherry Court Motor Lodge,** 35 Otaika Road, ☎ 438 3128, und **Motel Sierra,** 26 Western Hills Drive, ☎ 437 0639. Daneben gibt es mehrere Motorcamps, darunter den **Tropicana Holiday Park** (☎ 436 0687), 10 km außerhalb, an der Whangarei Heads Road. Gepflegte Speiselokale sind **The Myth,** im **Side Walk Café** oder **Bojangles Family Restaurant.**

Information
Visitors Bureau, Tarewa Park, Otaika Road, ☎ (09) 438 1079, Fax 438 2943.

Wellington und der Süden

Dichte Urwälder, Neuseelands längster schiffbarer Fluß, ausgedehntes Farmland, wo zahllose Rinder und Schafe das Bild bestimmen, und das alles von der schönen Landeshauptstadt gekrönt – so läßt sich der südliche Teil der Nordinsel charakterisieren. Geschichte wurde hier natürlich auch geschrieben: Im Süden des East Cape, beim heutigen Gisborne, betrat Captain Cook als erster Europäer neuseeländischen Boden – nicht gerade zur Freude der einheimischen Maori-Stämme. Die Bewohner des East Cape, am Ostzipfel des Landes, erblicken als erste den neuen Tag, denn hier berühren aufgrund der extrem östlichen Lage und der Nähe zur internationalen Datumslinie die ersten Strahlen der Morgensonne die Erde. In der Weihnachtszeit verleihen die rotblühenden *Pohutukawas* (der „neuseeländische Weihnachtsbaum") dieser schönen Küste einen ganz besonderen Reiz. Im

Der Hafen von Wellington

Westen, um die Gartenstadt
New Plymouth, erstrecken sich
die saftigen Weiden Taranakis.
Majestätisch erhebt sich der erloschene Vulkan *Taranaki* (der
Maori-Name steht heute wieder
für den zeitweiligen Namen
Mount Egmont) aus der liebli-
chen Agrarlandschaft; er domi-
niert den gleichnamigen Nationalpark mit abwechslungsreichen Buschvegetation. Entlang
des Wanganui River erstreckt
sich der Wanganui National
Park. Der Fluß war einst eine
wichtige Wasserstraße für die
Maori; Spuren ihrer Dörfer sind
noch zu sehen. Einer Maori-Legende nach bildete sich der
Flußlauf, als der Mount Taran-
ki vor einem siegreichen Neben-
buhler fliehen mußte. Der Süden
und Osten ist von Schafzucht
geprägt; in Masterton kämpfen
jedes Jahr im März die Schafscherer im „Golden Shears" um
die Meisterschaft.
Wellington, eingebettet in eine
zauberhafte Hügellandschaft
um den Hafen Port Nicholson
zählt nicht minder zu den Sehenswürdigkeiten Zentral-Neu-
seelands.

Wellington

Die Besiedelung durch die Europäer begann 1840, nachdem
die *New Zealand Company* den
Maori billig Land abgekauft
hatte. 1865 wurde Wellington
Hauptstadt Neuseelands. Als
wichtiges Handelszentrum ist sie
per Schiene, Flugzeug, Bus und
Fähre mit den übrigen Landes-
teilen verbunden. Zentrum ist
der Hafen. An den Stränden
tummeln sich Sonnenanbeter
und Jogger, Windsurfer und
Segler. Die Innenstadt ist klein:
Geschäfte, Cafés und sonstige
Einrichtungen sind alle leicht zu
Fuß erreichbar. Und wer der
Stadthektik entkommen möchte,
findet in den zahlreichen Parks
Ruhe und Erholung. Die Mühe
eines Aufstiegs lohnen die um-
gebenden Hügel: Die Aussicht
auf den Hafen ist phantastisch.
„Windy Wellington" gilt als windigster Ort Neuseelands. Auf jeden Fall kann Petrus sehr lau-
nisch sein; ein Regenmantel
sollte daher im Gepäck nicht
fehlen!

Sehenswürdigkeiten

CABLE CAR
Die Standseilbahn verkehrt im
10-Minuten-Takt zwischen der
Talstation am Lambton Quay
und der etwa 120 m hohen
Bergstation. Die 600 m lange
Strecke mit einer Steigung von
20 % bietet schöne Ausblicke
über Stadt und Hafen.
◷ Mo–Fr 7–22 Uhr; Sa/So
10.30–18 Uhr.
Von der Bergstation ist es nicht
weit zu den **Botanical Gardens.** Hier laden auf 25 ha na-
turbelassene Buschvegetation
und angelegte Gärten zu einem

NORDINSEL · WELLINGTON
UND DER SÜDEN

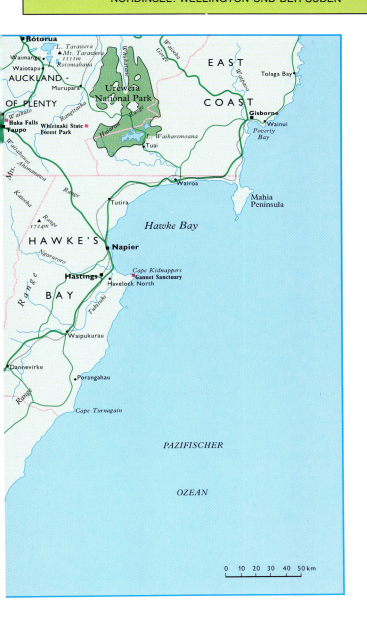

Rotorua
L. Tarawera
Mt. Tarawera
1111m
Rotomahana
Waimangu
Waiotapu
AUCKLAND -
Murupara
Urewera
National Park
OF PLENTY
Waikato
Rangitaiki
Huka Falls
Whirinaki State
Taupo
Forest Park
L. Waikaremoana
Tuai
Whakatane
Waioeka
Gorge
EAST
Waipaoa
Tolaga Bay
COAST
Gisborne
Wainui
Poverty
Bay
Wairoa
Mahia
Peninsula
Waikarimui
Ahimanawa Mts.
Range
Tutira
Kaweka
Range
Range
1724m
Hawke Bay
HAWKE'S
Napier
Ngaruroro
Hastings
Cape Kidnappers
Gannet Sanctuary
Havelock North
BAY
Range
Tukituki
Waipukurau
Dannevirke
Porangahau
Range
Cape Turnagain

PAZIFISCHER

OZEAN

0 10 20 30 40 50 km

Spaziergang ein. Im Park liegt das Carter Observatorium (🕓 dienstagabends).

MARINE DRIVE

Ausgangspunkt für diese 39 km lange Route um die Miramar-Halbinsel ist Oriental Bay. Sie bietet schöne Aussichten auf Buchten, Strände und Hafen.

MARITIME MUSEUM

Jervois Quay
Das Schiffahrtmuseum ist im „Shed 11" des Wellington Harbour Board untergebracht. Modelle, Bilder und Relikte aus der Schiffahrtsgeschichte Wellingtons sind zu bewundern.
🕓 Mo–Fr 10–16, Sa 14–17 Uhr.

MOUNT VICTORIA

Vom windigen 196 m hohen Mount Victoria im Südosten der Stadt blickt man weit über Stadt und Hafen. Der Weg zum Gipfel ist zwar ausgeschildert, aber durch die zahlreichen Nebenstraßen kann man sich leicht verirren.

NATIONAL ARCHIVES

Mulgrave Street, Air New Zealand Building
In den Staatsarchiven befindet sich u. a. die Originalschrift des Waitangi-Vertrages.
🕓 Mo–Fr 9–17 Uhr.

NATIONAL LIBRARY OF NEW ZEALAND

Molesworth Street
Die neuseeländische Staatsbibliothek enthält historische Sammlungen und Schriften.
🕓 Mo–Fr 9–17 Uhr.

NATIONAL MUSEUM & NATIONAL ART GALLERY

Buckle Street
Der Museumskomplex liegt etwa 1 km südlich vom Stadtkern. Er umfaßt u. a. Sammlungen über Geologie, Paläontologie und Botanik. Am bedeutendsten sind die Ausstellungen zur Maorikultur und der frühen Kolonialgeschichte. Unbedingt sehenswert ist das prächtige Maori-Versammlungshaus von 1840. Außerdem stehen hier ein Modell von Captain Cooks Schiff „Endeavour" sowie Fundstücke anderer Schiffe. In der Nationalgalerie sind u. a. Werke zeitgenössischer neuseeländischer Künstler ausgestellt.
🕓 täglich 10–16.45 Uhr.
Beim Museum findet man auch den **Shrine of Remembrance** und das **National War Memorial.**

PARLIAMENT

hinter Lambton Quay
Das Parlamentsgebäude aus neuseeländischem Marmor von 1922 ist Sitz des House of Representatives. Neben dem Haupteingang kann man sich werktags für eine Führung anmelden (Auskunft gibt das City Public Relations Office). Ohne offizielle Begleitung dürfen die Räume nicht betreten werden. Das kreisrunde Gebäude – wegen seiner Form als **Beehive,** Bienenkorb, bezeichnet, beherbergt die Büros des Premierministers und der Kabinettsmitglieder; es wurde 1981 vom britischen Architekten Sir Basil Spence erbaut. Daneben befinden sich die neogotische **General Assembly Library** von 1897 sowie die Holzkirche **Old**

Beehive und Parlamentsgebäude

St. Paul's von 1866. Gegenüber dem Parlament liegt das 1876 errichtete *Government Building,* das größte Holzgebäude der südlichen Hemisphäre.

Außenbezirke

HUTT VALLEY
Das nördlich gelegene Hutt Valley mit den Vororten Petone, Lower Hutt und Upper Hutt ist eine dicht bebaute Wohn- und Industrielandschaft. Zu den Sehenswürdigkeiten zählen das **Petone Settlers Museum** mit Exponaten aus der Heimatgeschichte und -kultur sowie die Kunstausstellungen des **Dowse Art Museum** in Lower Hutt. (🕒 vormittags, an Wochenenden auch nachmittags.)

KAPITI COAST
Die Kapiti-Küste besteht aus den „Schlaf"städten Porirua, Paekakariki und Paraparaumu. In diesen Außenbezirken finden sich einige technische Museen wie etwa das Dampflokomotiven-Museum in Paekakariki und das Straßenbahnmuseum in Paraparaumu. Ein besonderer Tip ist das **Southward Car Museum** bei Waikanae (etwa 58 km nördlich von Wellington) mit seiner berühmten Oldtimer-Sammlung. (🕒 täglich 9–17 Uhr.)

Unterkunft
Gehobene Hotelkategorie:
James Cook Hotel, The Terrace, ☎ 499 9500. Innenstadt, 260 Zimmer, First-Class.
Plaza International, Wakefield Street, ☎ 473 3900. Zentral gelegen, 183 Zimmer, First-Class.
Quality Inn Plimmer Towers, Ecke Boulcott Street/Gilmer Terrace, ☎ 473 3750, zentrale Lage. 93 Zimmer, First-Class.

Mittlere Kategorie:
Academy Motor Lodge, 327 Adelaide Road, ☎ 389 6166. 2 km außerhalb; 20 Appartements mit Kochgelegenheit.
Bay Plaza, 40 Oriental Parade, ☎ 385 7799. Zentral gelegen, 63 Zimmer (früher Travelodge).

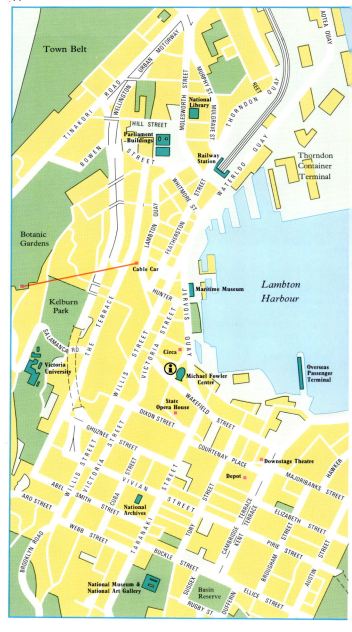

Town Belt

National Library

Parliament Buildings

HILL STREET

Railway Station

Thorndon Container Terminal

Botanic Gardens

Cable Car

Kelburn Park

Maritime Museum

Lambton Harbour

Circa

Victoria University

Michael Fowler Centre

Overseas Passenger Terminal

State Opera House

DIXON STREET

Downstage Theatre

Depot

National Archives

National Museum & National Art Gallery

Basin Reserve

WELLINGTON

0   500 m

Port Nicholson
(Wellington Harbour)

Oriental Bay

ORIENTAL PARADE

STREET

Charles
Plimmer
Park

Mt. Victoria
▲ *196m*

Hataitai
Tunnel
(Bus)

St. George Hotel, Ecke Willis und Baoulcott Street, ☎ 473 9139. Innenstadt, 91 Zimmer, älteres Hotel, aber guter Standard.
Sharella Motor Inn, 20 Glenmore Street, ☎ 372 3823. 1 km außerhalb, 66 Appartements; gehört zur Flag-Kette.
Wellington Park Royal, 360 Oriental Parade, ☎ 472 2722. 2 km außerhalb, 62 Zimmer.

Preiswerte Unterkunft:
Rowena City Lodge, 115 Brougham Street, Mount Victoria, ☎ 385 7872. 60 Zimmer, preiswerte Übernachtung mit Frühstück.
Terrace Travel Hotel, 291 The Terrace, ☎ 382 9506. Nahe der Innenstadt, 11 Zimmer.
Trekkers Hotel, Cuba Street, ☎ 385 2153. Zentrale Lage, 101 Zimmer; einfacher Standard.

Unterkunftsmöglichkeiten in den Vorstädten:
Abbey Court, 7 Pharazyn Street, Lower Hutt, ☎ 569 3967. Nördliche Hafenvorstadt, 19 Appartements, zum Teil mit Kochgelegenheit.
Velvedere Motel, Main Highway, Paekakariki, ☎ 292 8478. Nördliche Hafenvorstadt, 7 Appartements, zum Teil mit Kochgelegenheit.
Foreshore Motor Lodge, Ecke Esplanade/Nelson Street, Petone, ☎ 568 3609. Nördliche Hafenvorstadt, 30 Appartements, z. T. mit Kochgelegenheit.
Hawks Inn, 704 Fergusson Drive, Upper Hutt, ☎ 528 6458. Nördliche Hafenvorstadt, 16 Appartements im Motel-Stil.
Ocean Motel, 42 Ocean Road, Paraparaumu, ☎ 298 6458. Nördlicher Küstenraum, 5 Appartements.

Daneben gibt es Campingplätze im Hutt Valley (nördlicher Hafenbezirk) und an der Kapiti Coast (Nordküste).

Restaurants

Bombay Bicycle, 228 Main Street, Upper Hutt. Das Essen wird sehr schön präsentiert.
Cables, 1 Upland Road, Kelburn. Gehobene Küche, zu genießen bei herrlichem Panoramablick.
1860 Vicualling Co, 152 Lambton Quay; zentral gelegen. Gemütliches Lokal mit leichter Küche.
Fisherman's Table, Main Road, Paekakariki. Fisch und Meeresfrüchte, stilecht vor Meereskulisse serviert.
Il Casino, 108 Tory Street, Zentrum. Top-Italiener.
Nicholsons, 245 Oriental Parade, Oriental Bay. Bierlokal mit Jazzmusik.
1906 Restaurant, Main Road, Paekakariki. Europäische Küche.
Otto's Hafen, Overseas Shipping Terminal. Meeresfrüchte und Steaks.
Plimmer House, Boulcott Street, Zentrum. First-Class, in einem historischen Gebäude.
Rose & Crown, BNZ Centre, Ecke Willis Street/Lambton Quay. Gepflegtes Bistro.
Terrace Coachman, Ecke The Terrace/Woodward Street, Zentrum. Gehobene Küche.
Wellington Settlement, 155 Willis Street, Zentrum. Neuseeländische Küche, Piano-Musik, BYO.

Unterhaltung und Nachtleben

Die Haupstadt versucht mit allen Mitteln, dem wenig ruhmreichen neuseeländischen Kulturimage „Rugby, Rennen und Bier" entgegenzuwirken. Beim *Nissan Mobil 500 Saloon,* einem Autorennen, mag das nun nicht gerade gelingen. Andererseits hat sich dieses alljährlich im Dezember stattfindende Sportereignis mittlerweile zu einem regelrechten Volksfest mit Konzerten und sonstigen Unterhaltungsangeboten gemausert.
Das *Festival of the Arts,* eine alle geraden Jahre im März stattfindende Kunstbiennale, ist das Hauptereignis der Kunstszene. Orchesterkonzerte, Opern-, Ballett- und Modern-Dance-Aufführungen, Gemäldeausstellungen und zahlreiche Straßentheater sowie ein Lichtermeer im Hafen von Wellington stehen auf dem Programm. Wellington ist außerdem die Heimat des New Zealand Symphony Orchestra, der Royal New Zealand Ballet Company sowie der Wellington City Opera.
Das sehenswerte **Downstage Theatre,** Ecke Cambridge Terrace/Courtenay Place, gilt als das führende Schauspielhaus Wellingtons. Sein buntgemischtes Repertoire reicht von Shakespeare bis Noel Coward. Regelmäßige Vorstellungen geben auch das **Circa Theatre,** Harris Street, und **The Depot,** Alpha Street. Als Nightclubs sind zu empfehlen: **James Cabaret,** Lloyd Street, und **Clare's Cabaret,** ein „alternativer" Nachtklub. Im **Steinie Club,** Cricketers Arms Tavern, sorgen Musikgruppen von Mittwoch bis Samstag für Stimmung.

Shopping

Die City bietet reichlich Geschäfte. Zentrum ist der Lambton Quay, quirlige Einkaufsstraßen sind aber auch Willis und Manners Street. In den Untergrund zieht es Kauflustige an der Kreuzung Lambton Quay/ Willis Street, ein Teil der Cuba Street ist Fußgängerzone. Als Kaufhäuser sind **Kirkcaldie & Stains,** Lambton Quay, sowie **James Smith,** Manners Street, zu nennen. Bücherwürmer werden in den Government Bookshops, Mulgrave und Cuba Street, fündig. Zeitgenössische Malerei und andere Kunstgegenstände warten in den Kunstgalerien auf Liebhaber. Jedes Wochenende lädt der **Wakefield Market** im Stadtzentrum zum Bummeln ein.

Gute Einkaufsmöglichkeiten in den Vorstädten bieten **Queensgate Mall** in Lower Hutt und **Maidstone Mall** in Upper Hutt. Am Wochenende ist **Settlers** in Petone die Adresse für frische Lebensmittel und Souvenirs. Einen Besuch wert ist auch das Einkaufszentrum in Tawa sowie der Coastlands Shopping Mall in Paraparaumu (beide liegen an der Kapiti Coast).

Information
City Public Relations Office, Wakefield Street (Old Town Hall), ☎ (04) 801 4000.
AA Centre in 342–352 Lambton Quay, ☎ 473 8738.

Sehenswürdigkeiten im Süden der Nordinsel

◆
GISBORNE
550 km nordöstlich von Wellington
Am Kaiti Beach betrat 1769 Captain Cook zum ersten Mal neuseeländischen Boden und nahm das Land im Namen König Georges III von England in Besitz. Nach einer blutigen Auseinandersetzung mit den ansässigen Maori mußte er auf frischen Proviant verzichten und weitersegeln; daraufhin nannte er die Bucht Poverty Bay. Heute erstreckt sich auf der Ebene hinter der Bucht fruchtbares Land, auf dem hauptsächlich Mais und Wein angebaut wird. Auf dem für Ackerbau weniger geeigneten Hügelland haben sich Schafzüchter niedergelassen.

Die Drei-Flüsse-Stadt bietet Uferwanderwege, einen **Botanischen Garten** und Museen wie z.B. das **Gisborne Museum** mit Erinnerungsstücken an Cooks Landung und einer Sammlung zur Siedlungs- und Maori-Geschichte. (🕐 Di–Fr 10–16.30 Uhr; Sa/So 14 bis 16.30 Uhr.)

Der Obelisk am **Kaiti Beach** soll an Cooks Landung erinnern. Eine lebensgroße Statue des Kapitäns überragt den **Kaiti Hill,** einen schönen Aussichtspunkt mit Blick auf Stadt

Die altehrwürdige Cable Car

und Poverty Bay. Der Marine Drive säumt den städtischen Strand *Waikanae*. An den Stränden weiter nördlich kommen Wellenreiter auf ihre Kosten; besonders populär ist **Wainui**, 5 km außerhalb an der malerischen East Cape Route gelegen. Das **Eastwood Hill Arboretum**, 35 km nordwestlich von Gisborne, ist Lebensraum einer bunten Flora.

Unterkunft und Restaurants
Sandown Park Motor Inn, Childers Road, ☎ 867 9299; guter Hotelstandard. Als Motel sind **Orange Grove**, 549 Childers Road, und **Teal Motor Lodge**, 479 Gladstone Road, ☎ 867 9978, zu empfehlen. Ein städtisches Motorcamp gibt es in Grey Street, Aikanae Beach. Knurrende Mägen lassen sich im **China Palace Restaurant** oder im **L'Escalier** beruhigen. Für Eilige gibt's auch einen **McDonald's**.

Information
Eastland Information Centre, 209 Grey Street.

HASTINGS siehe NAPIER

MASTERTON
101 km nordöstlich von Wellington
Masterton ist ein guter Stützpunkt für Wanderungen in den Tararua Mountains. Das Hügelland um Wairarapa und die Ostküste sind hauptsächlich für die Schafzucht geeignet. Alljährlich in der ersten Märzwoche findet in Masterton der internationale Schafschurwettbewerb „**Golden Shears**" statt. Unterhaltung und Erholung bietet der **Queen Elizabeth Park** am Westufer des Waipoua River mit Sport- und Spielplätzen, einem Rotwildpark und einer Miniatureisenbahn.
Etwa 30 km weiter nördlich liegt das staatliche Naturschutzgebiet **Mount Bruce Reserve**. Als Rückzugsgebiet einer reizvollen Vogel- und Tierwelt (Kiwi, Takahe, einheimische Fledermäuse etc.) ist es nicht nur eine beliebte Touristenattraktion,

Im Schwimmbad von Masterton

sondern auch ein Zentrum zur Beobachtung und Züchtung seltener und vom Aussterben bedrohter Tierarten (🕐 täglich 10–16 Uhr).

Unterkunft
Sowohl das **Solway Park Resort Hotel,** High Street, ☎ 377 5129, als auch die **Masterton Motor Lodge,** 250 High Street, ☎ 378 2585, bieten guten Standard. Camper sind im Mawley Park, Oxford Street, ☎ 378 6454, gut aufgehoben.

Information
Visitor Information Centre, Dixon Street, ☎ und Fax (06) 378 7373.

 ◆◆

NAPIER UND HASTINGS
ca. 314 km nordöstlich von Wellington
Diese nur etwa 20 km auseinanderliegenden Nachbarstädte sind die beiden größten Orte an der Hawke's Bay. Napier ist eine Küsten- und Hafenstadt, Hastings im Landesinneren ein Landwirtschafts- und Weinanbauzentrum. Napier rühmt sich als Art-deco-Hauptstadt der Welt, was auf eine Katastrophe zurückgeht: Am 3. Februar 1931 verwüsteten ein Erdbeben und eine Feuersbrunst in zweieinhalb Minuten die Stadt. Außerdem hob sich der Meeresboden, so daß im Hafenbett 4000 ha neues Land entstanden, auf dem sich heute Wohnsiedlungen sowie der regionale Flughafen befinden. Die Innenstadt hingegen wurde in dem in den 30er Jahren so populären Art-deco-Stil wiederaufgebaut. Auf der **Marine Parade** entlang des Strandes finden Sie Gärten, Springbrunnen, ein Aquarium

und das „Marineland" mit seiner Delphin- und Seehund-Show – alles zu Fuß vom zentralen Einkaufsgebiet erreichbar. Vom **Bluff Hill** hat man einen prächtigen Ausblick auf Stadt und Hafen.
Die botanischen Gärten an den Hängen des Hospital Hill sowie die Rosengärten im Kennedy Park am Stadtrand laden zu gemütlichen Spaziergängen ein. Zwei Museen erinnern an das große Erdbeben; eines simuliert sogar die Erdstöße – ein seltsames Gefühl.
Kinder können sich im **Fantasyland** von Hastings (**Windsor Park**) austoben.
Der Nachbarort **Havelock North** ist für seine schönen alten Häuser, umgeben von prächtigen Gärten, bekannt. Hinter Havelock North erhebt sich der Te Mata Peak (399 m), im Peak House kann man sehr gut essen, einheimischen Wein trinken und dabei den herrlichen Blick über die Bucht genießen.

Unterkunft und Restaurants
Empfehlenswert in Napier ist das ruhig gelegene **McLean Park Lodge Motel,** 177 Wellesley Road, ☎ 835 4422, oder die **Edgewater Motor Lodge,** Marine Parade Beadfront, ☎ 835 1148. Größter Campingplatz in Napier mit Appartments, Cabins und Stellplätzen ist das **Kennedy Park Camp,** Storkey Street, ☎ 843 9126.
Für den kleinen Hunger empfiehlt sich in Napier das **Courtyard Café;** wer eine ganze Familie ausführen will, geht am besten ins **Cobb & Co;** Meeresfrüchte bietet **Beaches Restaurant.** In Hastings empfehlen sich **Grannys** oder **McGintys.**

Shopping
In Napier sind die zum Clive
Square führenden Dickens
Street und Emerson Street die
Haupteinkaufsstraßen. Shop-
ping-Adresse in Hastings ist die
Heretaunga Street.

Information
Napier Visitors Information
Centre ., Marine Parade, ☎ (06)
835 7579. – Hastings Public
Relations Office, Russell Street
North, ☎ und Fax (06) 876 0205.

◆◆
NEW PLYMOUTH
*355 km nordwestlich von
Wellington*
New Plymouth liegt an der
Westküste der Nordinsel. Das
umliegende Taranaki-Gebiet
steht ganz unter dem Zeichen
des 2518 m hohen erloschenen
Vulkans Mount Egmont (die
Maori nennen ihn Taranaki),
der auch von manchen Stellen
in der Stadt aus zu sehen ist.
Taranaki besitzt eine der pro-
duktivsten Milchwirtschaften
Neuseelands. Darüber hinaus
haben Gas- und Ölfunde vor
der Küste Wohlstand gebracht.
Sehenswert sind der **Pukeruka
Park** mit den beiden Seen, einem Begonienhaus und Farn-
bäumen, der **Brooklands Park**,
mit einem Freilufttheater und
das idyllische **Lake Mangama-
hoe Domain,** 10 km weiter südlich. Der See mit dem Mount Egmont im Hintergrund ist ein beliebtes Fotomotiv.
Im **Pukeiti Rhododendron
Trust,** 29 km außerhalb der
Stadt, blühen von September
bis November Rhododendron
und Azaleen in einheimischer
Buschvegetation.
Naturfreunde, die den herrlichen Ausblick von den Wanderwegen um den **Mount Taranaki** (früher Mount Egmont) genießen wollen, können auf drei
Zugangsstraßen bis auf 900 m
Höhe fahren. Im Winter kann
man skifahren. Alle drei genannten Zufahrtsstraßen zwei-
gen vom Highway 3 ab, der zwischen New Plymouth und Hawera verläuft. Von Taranaki Village führt die Straße zu Mount
Taranaki, wo man das Taranaki
National Park Visitors Centre
findet. Von Stratford aus zwei-
gen die beiden anderen ab; die
Pembroke Road führt zu East
Egmont und ins Skigebiet; entlang der Opunaki und dann der
Manaia Road fährt man durch
eine schöne Landschaft zu den
Dawson Falls. An den beiden
letztgenannten Straßen findet
man auch Verpflegung und
Unterkunft.
Die Synthetikölanlage von **Mo-
tenui** (ca. 20 km östlich von
New Plymouth) ist die erste

*Eine Farm zu Füßen des
Mount Egmont*

kommerzielle Anlage der Welt zur Herstellung von Synthetiköl. Sie wurde in der Zeit der steigenden Ölpreise gebaut. Leider ist die Anlage für die Öffentlichkeit nicht zugänglich, man kann sie aber in dem angeschlossenen Tourist Centre als Modell in Augenschein nehmen.

Unterkunft und Restaurants
Hotelzimmer findet man z. B. im **Plymouth,** Ecke Leach/Hobson Street, ☎ 758 0589, oder im **The Devon,** 390 Devon Street, ☎ 759 9099. Motelunterkünfte bieten **Northgate Manor,** ☎ 758 5324, und **Amber Court,** ☎ 758 0922. Cabins und Zeltplätze gibt es im **Princes Tourist Court,** 29 Princes Street, Fitzroy, ☎ 758 2566.
Für den hungrigen Magen empfiehlt sich **Governor's Room** im **Devon** oder **Gareths Restaurant.**

Shopping
Das Einkaufsleben konzentriert sich auf die Devon Street (teilweise Fußgängerzone) und die nahegelegene City Centre Mall.

Information
New Plymouth Public Relations Office, 81 Liardet Street, ☎ 758 6086, Fax 758 1395.

◆
PALMERSTON NORTH
145 km nordöstlich von Wellington
Die aufstrebende Binnenstadt am Manawatu River ist das Herz eines reichen Agrarbezirks. Hübsch ist ein Spaziergang entlang der **Esplanade** am Fuß mit ihren Rosengärten. Rugby-Fans sollten sich das **Rugby-Museum,** Grey Street, nicht entgehen lassen. (🕓 täglich 13.30–16 Uhr.)
Die spektakuläre **Manawatu Gorge** beginnt etwa 16 km östlich der Stadt, Richtung Dannevirke/Hastings, und schlängelt sich 13 km durch die Berge. Auskunft über Jet-Boat- und Kanufahrten durch die enge Schlucht kann man im Information Office bekommen.
In **Mangaweka,** rund 1 1/2 Autostunden weiter nördlich, kann man ebenfalls Kanu- oder Wildwasserfahren. Noch aufregender ist ein Bungy Jump von der 43 m hohen Brücke über den Rangitikei River. Informationen erteilt Rangitikei River Adventure, Main Raod, Mangaweka, ☎ (06) 382 5747. Der kleine Ort ist auch von Wanganui (s. S. 52) oder vom Tongariro National Park (s. S. 36) aus zu erreichen.

Unterkunft und Restaurants
Übernachtungsmöglichkeiten bietet das **Sherwood Motor Inn,** 252 Featherstone Street, ☎ 357 0909, und das **Coachman,** 134 Fitzherbert Avenue,

356 5065. Der Campingplatz **Pakmerston North Holiday Park,** ☎ 358 0349, liegt 2 km außerhalb der Stadt. Dort gibt es auch Appartments zu mieten. Preiswert essen läßt es sich im **Cobb & Co.** Für den anspruchsvolleren Gaumen empfehlen sich **Matador** oder **Lusitania.**

Information
Information Office, Civic Complex, The Square,
☎ (06) 359 5003, Fax 356 9841.

◆◆
WANGANUI
195 km nördlich von Wellington
Wanganui liegt an der Westküste an der Mündung des längsten schiffbaren Flusses Neuseelands, des Wanganui River. Zu den Sehenswürdigkeiten im Queen's Park, im Zenrum von Wanganui, zählen die **War Memorail Hall,** die **Sarjeant Art Gallery** und das **Regional Museum.** Das Museum besitzt eine der schönsten Sammlungen zur Maori-Kultur, darunter auch ein riesiges Kriegskanu. (🕐 Mo–Fr 9–16.30 Uhr, Sa/So 13 bis 16.30 Uhr. Eintrittsgebühr.) Auf der anderen Seite der City Bridge führt eine Fußgängerunterführung zu einem Aufzug, der 66 m mitten durch den Berg zum Aussichtspunkt **Durie-Hill** fährt.
Sehenswert ist auch die **St. Paul's Memorial Church** in Putiki, am südlichen Ende der Cobham Bridge, mit ihren Maori-Schnitzerein im Innern. Etwa 1 km nördlich der Stadt liegt die idyllische Gartenanlage **Virginia Lake** mit Gewächshäusern, einem See und einem Springbrunnen. Der Strand von Castlecliff befindet sich 8 km weiter westlich, an der Stelle, wo

der Fluß ins Meer mündet. Einen Abstecher wert ist **Bushy Park,** weiter westlich am Highway 3, mit seinem schönen Haus im Kolonialstil, mitten im Busch gelegen; hier kann man auch übernachten.

Wanganui River
Der mitten durch die Stadt fließende Wanganui galt in der Zeit der Raddampfer als der „Rhein Neuseelands". Die Ufer waren einst dicht von Maori besiedelt. Der Strom fließt zum Teil durch den Wanganui National Park, der eine rauhe, einsame Landschaft schützt. Auf keinen Fall versäumen sollte man eine Jet-Boat-Fahrt auf dem Fluß, aber auch die Minibusfahrt entlang der nur zum Teil befestigten River Road nach Pipiriuki ist wirklich empfehlenswert.
In Stadtnähe gibt es auch eine Bootsanlegestelle, von wo man auch einen Nachmittagsausflug zu einem Weingut unternehmen kann – Weinprobe selbstverständlich inklusive.

Unterkunft und Restaurants
Relativ preiswert ist das **Avenue Motor Inn,** 379 Victoria Avenue, ☎ 345 0907, oder die **Wanganui Motor Lodge,** 14 Alma Road, Gonville (2 km von Wanganui entfernt), ☎ 345 3599. Beide Hotels führen auch Restaurants. Für das leibliche Wohl sorgen ansonsten **Joseph's** oder **Cameron House.** Mit traditioneller italienischer Küche in einem Jahrhundertwende-Ambiente wartet **Bassano's** auf.

Information
Visitors Information Centre, 1012 Guyton Street, ☎ (06) 345 3286, Fax 345 3355.

Südinsel: Christchurch und der Norden

Die Landschaft in diesem Teil Neuseelands ist von der überwältigenden Schönheit der Südalpen geprägt. Die Gebirgskette erstreckt sich von Norden nach Süden und kann über den Arthur's Pass, den Haast Pass und den Lewis Pass in Ost-West-Richtung überquert werden. Äußerst empfehlenswert ist die Zugfahrt mit dem Tranz Alpine Express. Die wohl spektakulärsten Attraktionen bilden die Fox- und Franz-Josef-Gletscher mit ihren Eisfeldern, die sich von 3000 m Höhe bis an das lediglich 300 m über dem Meeresspiegel gelegene Regenwaldgebiet der Westküste heranschieben.

Gletscher sind auch die Hauptattraktion des Westland National Park. Er ist nur einer der zahlreichen Nationalparks im Norden der Südinsel, in denen Wanderer und Naturfreunde unberührte Wildnis finden. Zu entdecken sind die exotische Buschvegetation und die traumhaften Strände des Abel Tasman National Park in der Tasman Bay. Mit Seen und Bergen wartet der Nelson Lakes National Park im Nordosten auf, mit bizarren Kalksteinformationen der Paparoa National Park an der Westküste.

Doch trotz all der Wildnis – die Spuren menschlichen Eingreifens sind nicht zu übersehen. Goldfunde im Westen hatten ganze Horden von Abenteurern angelockt und Städten wie Greymouth, Hokitika und Westport zu Wohlstand verholfen. Die Goldquellen sind zwar seit langem versiegt, doch erinnern Museen, rekonstruierte Siedlun-

Schafwolle ist ein wichtiger Exportartikel Neuseelands

gen und alte Gruben an vergangene Zeiten. Den wohl markantesten Kontrast zum rauhen Pionierleben bildet Christchurch, das Abbild einer vornehmen englischen Stadt, mit Parks, Gärten und malerischen alten Bauten.

Christchurch

Das internationale Tor zur Südinsel ist die größte Stadt der South Island und Hauptstadt der Provinz Canterbury. Die "englischste" Stadt Neuseelands liegt auf den Canterbury Plains. Sie selbst hat keinen Hafen, diese Funktion hat das kleine Städtchen Lyttelton, östlich auf der Banks Peninsula.

Man läßt sich gemütlich auf dem Avon staken – das Bild könnte auch aus England stammen

Hier landeten 1850 die ersten vier Schiffe der „Canterbury Association"; an Bord waren Anhänger der Church of England, die eine rein anglikanische Stadt nach dem presbyterianischen Vorbild Dunedins (s. S. 69) gründen wollten. Benannt wurde Christchurch nach der alten Kirche eines Colleges an der Oxford University. Der englische Charakter ist überall unübersehbar: Eichen, Bergahorn und Weiden säumen die Straßen, zahlreiche neogotische Gebäude sowie das berühmte Christ College, eine Privatschule nach dem Muster der englischen Public School, erinnern an die Heimat der Mitglieder der Canterbury Association.

Sehenswürdigkeiten

ARTS CENTRE
Westende der Worcester Street
In den Gebäuden der ehemaligen Canterbury University ist das Arts Centre Treffpunkt für Liebhaber von Kunst, Kunsthandwerk, Musik und Theater. Jedes Wochenende findet dort ein Markt statt.
🕒 meist 10–16 Uhr.

AVON RIVER
Durch die Stadt fließt der malerische Fluß Avon. Eine Uferpromenade beginnt am westlichen Ende von Oxford Terrace und folgt dem Avon bis zur Kilmore Street. Am Fluß erstrecken sich die Gärten und Sportplätze des **Hagley Park**. Daneben liegt der **Botanische Garten** mit Farnen, tropischen Gewächsen und alpinen Pflanzen, während im angrenzenden **Millbrook Reserve** Azaleen und Rhododendren ihre Pracht entfalten. Für eine Bootspartie werden Ruderboote oder Punts (Stakkähne) vermietet.

CANTERBURY MUSEUM
Westende der Worcester Street, jenseits der Rolleston Avenue
Hier sind eine Ausstellung über „Greenstone" (neuseeländische Jade), eine nachgebaute Straße aus der Pionierzeit und Knochen des ausgestorbenen Riesenvogels Moa zu sehen. Hauptattraktion aber ist die hervorragende *Hall of Antarctic Discovery*, die sich insbesondere mit den Expeditionen des Forschers Scott, der von hier aus zum Südpol aufbrach, beschäftigt. Christchurch spielt übrigens

auch heute noch eine wichtige Rolle als Versorgungsbasis des amerikanischen Antarktisprogramms *Operation Deep Freeze*. 🕐 täglich 10–16.30 Uhr.
Ein paar Schritte weiter liegt die **Robert McDougall Art Gallery** mit einer Sammlung heimischer wie auch internationaler Kunst. 🕐 täglich 10–16.30 Uhr.

◆ ◆
ANTARKTIS-BESUCHER-ZENTRUM
am Flughafen
Es vermittelt einen Eindruck der Tier- und Pflanzenwelt des Südpols. Ein Kaltwasser-Aquarium führt in die Unterwasserwelt ein, und bei einer Multivisions-Show kann man die Antarktis mittels Bild, Ton und Lichteffekten „hautnah" erleben. 🕐 Okt. täglich 9.30–20.30 Uhr, sonst 9.30–17.30 Uhr.

◆ ◆
FERRYMEAD HISTORIC PARK
Bridle Path Road, Heathcote
Zwischen Ferrymead und Christchurch fuhr 1863 die erste Eisenbahn des Landes. Im Transport- und Technologiemuseum sind Trambahnen, Loks, Löschfahrzeuge und eine Stadt aus der Kolonialzeit zu sehen. 🕐 täglich 10–16.30 Uhr.

◆
THE SQUARE
Diese Fußgängerzone bildet den Stadtkern; zentraler Blickfang ist die neugotische Kathedrale. Eine Wendeltreppe führt hinauf auf den 65,5 m hohen Turm, von dem aus der Blick weit bis in die Südalpen schweift. Eine ganz besondere Attraktion des Square ist der „Wizard", ein stadtbekannter Exzentriker, der meist in der Mittagszeit flammende Reden zu allen möglichen Gesellschaftsthemen hält und lebhafte Diskussionen entfacht.

Ausflüge

◆
BANKS PENINSULA
Diese südöstlich von Christchurch gelegene Halbinsel besteht aus den Überresten zweier

Die Kathedrale am Square

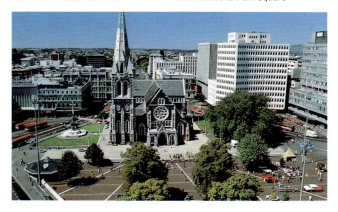

erloschener Vulkane, deren Krater heute die Häfen Lyttelton und Akaroas bilden. Zwischen Halbinsel und Christchurch liegen die Port Hills. Auf der Verbindungsstraße über den Dyer's Pass fahren Sie an einem historischen Gebäude („Sign of the Takahe", heute Restaurant) vorbei.

Akaroa, im Süden der Halbinsel (82 km von Christchurch entfernt), wurde 1838 von französischen Siedlern gekauft, kurz bevor Großbritannien seine Herrschaft über Neuseeland verkündet hatte (1840). Akaroa konnte das französische Flair bewahren und ist heute ein wunderschöner Urlaubsort mit einem pittoresken Hafen.

Strände

Von den zahlreichen Stränden sind **New Brighton** (8 km östlich) und **Sumner** (11 km süd-

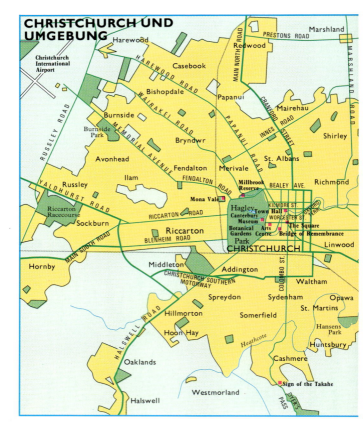

östlich) am schnellsten von der
Stadt aus zu erreichen. Lyttelton
liegt zwar etwas weiter weg, dafür gibt es hier einige sehr stille
abgelegene Buchten.
Tagestouren führen z. B. in den
Mount Cook National Park
(s. S. 82) oder aber mit der be-
quemen Tranz-Alpine-Bahn
über Arthur's Pass nach Greymouth (s. S. 61). Im Winter werden Touren zu den Skipisten
angeboten.

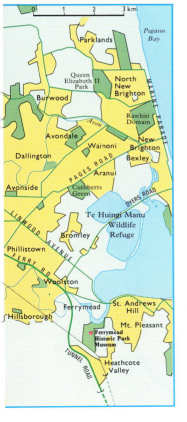

Unterkunft

Hotels und Motels:

Aalton, 17 Riccarton Road,
☎ 348 6700 (Stadtrand). 10
Appartements, Motel-Stil.

Admiral, 168 Bealey Avenue,
☎ 379 3554 (beim Zentrum).
9 Appartements, Motel. Gehört
zur Best-Western-Kette.

Ashleigh Court, 47 Matai
Street West, ☎ 348 1888 (Vorort).
10 Appartements, Motel; Gold-
Gruppe.

Autolodge Motor Inn, 72 Papanui Road, ☎ 355 6109 (auf
halbem Weg zum Flughafen).
74 Zimmer, guter Standard;
Flag-Kette.

Camelot Court, 28 Papanui
Road, ☎ 355 9124 (3 km außer-
halb). 50 Appartements, Motel;
Best-Western-Kette.

Coachman, 316 Riccarton
Road, ☎ 348 6651 (Vorort).
9 Appartements, Motel-Stil.

Latimer Lodge, 30 Latimer
Square, ☎ 379 6760 (Zentrum).
53 Appartements, guter Standard.

Noahs, Ecke Worcester/Oxford
Terrace, ☎ 379 4700 (Zentrum).
208 Zimmer, First-Class.

Pacific Park, 263 Bealey Avenue, ☎ 379 8660 (nahe am
Stadtzentrum). 66 Appartements, guter Standard.

Parkroyal Hotel, Ecke Dur-
ham/Kilmore Street, ☎ 365 7799.
190 Zimmer, First-Class.

Quality Inn, Ecke Durham/Kil-
more Street, ☎ 365 4699 (Zentrum). 161 Zimmer, First-Class.

The Russley, Roydale Street,
☎ 358 8289 (nahe Flughafen).
60 Zimmer, guter Standard.

*Preiswerte Unterkunftsmöglich-
keiten:*

Amber Park, 308 Blenheim
Road, ☎ 348 3327 (5 km südlich). Zeltplätze und Bungalows.

Croydon House, 63 Armagh Street, Zentrum. 26 Zimmer, preiswerte Übernachtung mit Frühstück.
Meadow Park, 39 Meadow Street, ☎ 352 9176 (5 km nördlich). Zeltplätze und Cabins.
Russley Park Motor Camp, 372 Yaldhurst Road, ☎ 342 7021 (Vorort). Zeltplätze und Bungalows.
Windsor House, 52 Armagh Street, ☎ 366 1503 (Zentrum). 41 Zimmer.

Restaurants
Chambers Restaurant, 109 Cambridge Terrace, in einer ehemaligen Bibliothek.
Jambalaya, Arts Centre, Hereford Street, Zentrum; Cajun-Küche (stammt aus Louisiana, eigenwillige Mischung aus typisch französischer Küche mit allerlei exotischen Zugaben). BYO.
La Dolce Vita, 2 Latimer Square, Zentrum; französische und italienische Küche.
Major Bunburys, Oxford Victualling Co., 794 Colombo Street; Kolonialstil.
Palazzo del Marinaro, The Shades, Hereford Street; spezialisiert auf Meeresfrüchte.

Das vornehme Parkroyal

Thomas Edmonds, 230 Cambridge Terrace; Smörgåsbord (s. S. 99) in einer ehemaligen Orchesterrotunde.
Town Hall Restaurant, Kilmore Street (im Zentrum, am Avon gelegen); neuseeländische Küche.
Daneben findet man an verschiedenen Stellen der Stadt **Cobb & Co., McDonalds** und **Pizza Hut.**

Unterhaltung und Nachtleben
Unterhaltung bedeutet in Christchurch in erster Linie Sport. Die Stadt ist stolz auf den **Queen Elizabeth II Park,** dessen Sportstadion und Schwimmbecken ursprünglich für die Commonwealth Games von 1974 gebaut wurden. Zum 8 km vom Stadtzentrum entfernten Park gehört auch ein Freizeitzentrum mit Minigolfanlage, Achterbahn und Squashplätzen.
In der **Town Hall** am Flußufer in der Kilmore Street finden häufig Konzerte und Vorträge statt; ein Restaurant ist integriert. Werfen Sie auch einen Blick in das Programmheft des **Court Theatre,** eines der bedeutendsten Schauspielhäuser Neuseelands. Das **Southern Regional Ballet** ist im Arts Centre zu Hause.
Abendliche Live-Unterhaltung wird in **Romanoffs Cabaret,** im **Firehouse Nightclub** sowie im **Coachman Inn** geboten. Das **Palladium** in Chancery Lane ist eine Disko.

Shopping
Vom Zentrum, dem Square, aus verteilen sich die Geschäfte in alle vier Himmelsrichtungen. Manche Geschäftsstraßen sowie der Square selbst sind für den Verkehr gesperrt, ebenfalls sind

Modernes Einkaufszentrum

Cashel und High Street in Teilbereichen Fußgängerzone. Als gut sortierte Kaufhäuser sind **Ballantynes** (Colombo Street) und **Arthur Barnetts** (Cashel Street) zu empfehlen.
Gute Einkaufstips sind auch Triangle Centre, Guthrey Centre, Canterbury Centre und National Mutual Arcade im Zentrum.
In den Vororten läßt sich in den Shoppingzentren in Merivale und Riccarton gemütlich bummeln.
Sehr gefragt ist die Marke „Canterbury" (bunte Sportbekleidung). Verkauft wird sie im Zentrum in **DF Souvenirs** und in Riccarton im **Windmill Centre**.
Daneben gibt es natürlich auch Souvenirläden, wo man Schaffelle, Lederwaren, Holzschnitzereien und andere Mitbringsel bekommt.

Informationen
Visitor Centre, 75 Worcester Street (Ecke Oxford Terrace), ☎ (03) 379 9629, Fax 377 2424. – AA, 210 Hereford Street, ☎ 379 1280, Fax 379 8729.

Sehenswürdigkeiten im Norden der Südinsel

ARTHUR'S PASS
146 km nordwestlich von Christchurch
Die kleine Ortschaft Arthur's Pass ist nach dem Paß über die Südalpen benannt und vom gleichnamigen Nationalpark umgeben. Auf einer Höhe von 920 m überquert der Paß den Hauptgebirgskamm. Die Landschaft ist überwältigend, leider ist die Strecke aber für Wohnmobile und Fahrzeuge über 13 m Länge gesperrt. Im Nationalpark kann man im Winter skifahren (Temple Field), im Sommer wandern und bergsteigen. Mit extrem unterschiedlichen Höhenlagen – sie reichen von 245 m bis 2400 m – bietet der Park eine Vielfalt an Landschaftsformen: von alpinen Berggipfeln und Gletschern bis zu rauschenden Bächen und üppigen Regenwäldern in den Tälern. Das Park Visitors Centre ist im Ort.
Der **Tranz-Alpine-Expreßzug** verbindet Christchurch und Greymouth. Die Strecke verläuft

über den Arthur's Pass und durchquert die Südalpen im längsten Tunnel Neuseelands. Die Fahrt mit diesem Panorama-Zug – es wurden extra größere Fenster in die Wagons eingebaut – ist sicherlich eine der schönsten Zugfahrten der Welt.

Unterkunft

In Arthur's Pass gibt es nur ein Motel (**The Alpine**, ☎ 318 9233) sowie eine Pension im Schweizer Stil, das **Chalet Guest House**, PO Box 5, Arthur's Pass, ☎ 318 9236. Man sollte rechtzeitig reservieren, denn der Weg zu anderen Hotels ist weit (16 km östlich des Bealey Hotel, ☎ 318 9277).

◆ ◆ ◆

FOX- UND FRANZ-JOSEF-GLETSCHER

ca. 400 km westlich von Christchurch

Die beiden größten der 60 Gletscher des Westland National Park liegen nur 23 km voneinander entfernt. Die gleichnamigen Ortschaften sind über eine hügelige Straße zu erreichen. Das Besondere an diesen beiden Gletschern ist, daß ihre Zungen sich auf 300 m Höhe und dadurch nicht nur in subalpine Regionen, sondern sogar in milde Regenwaldzonen hinabschieben. Wenn die Gletscher auch bei ungewöhnlich niedrigen Temperaturen wachsen, sind sie doch die letzten fünfzig Jahre kleiner geworden.

Der 12 km lange **Franz-Josef-Gletscher** wurde von dem deutschen Forscher Julius von Haast nach dem österreichischen Kaiser benannt. Wer bis zum Gletscherbruch steigen will, muß trittsicher sein, denn der Weg führt über Flußfelsen und

groben Kies (Auf- und Abstieg dauert jeweils eine Stunde). Es werden auch geführte Gletschertouren angeboten. Gehen Sie auf keinen Fall alleine.

Der **Fox-Gletscher** ist 13 km lang; seine Eisfelder erreicht man vom Parkplatz aus in einer halben Stunde Fußmarsch durch Flußkies. Auch hier werden geführte Gletschertouren angeboten. Drei Kilometer oberhalb der Zufahrtsstraße führt ein dreißigminütiger Aufstieg zu einer Hütte, von der Sie einen herrlichen Ausblick über den Gletscher haben. Sehr beliebt sind auch Rundflüge über die Gletscher, zu buchen in Fox oder in Franz Josef.

Der etwa 5 km westlich von der Ortschaft Fox (20 Minuten durch den Busch) gelegene **Lake Matheson,** auf dessen Wasseroberfläche sich die Alpen spiegeln, ist ein beliebtes Photomotiv; frühmorgens ist die Spiegelung besonders schön. Wunderschöne Aussichten auf den steil zur Westküste abfallenden Hauptkamm der Südalpen hat man auf der weiter westlich über die Clearwater Flats zum Gillespies Beach (hier wurde einst nach Gold gegraben) führenden Straße.

Südlich der Gletscher führt der Highway 6 hinunter zum **Haast Pass,** einem pittoresken Paß, der über die Alpen und zu den südlichen Seegebieten um Wanaka und Queenstown führt.

Unterkunft

Motelunterkunft findet man in beiden Ortschaften. Das **Franz Josef Hotel**, State Highway 6, ☎ 752 0719, im Westland National Park gehört zur Luxusklasse. Weitere Übernachtungsmöglichkeiten in Franz Josef bieten das **Westland Motor Inn,** 6 km vom Gletscher entfernt, oder die **Glacier Gateway Motor Lodge,** Highway 6 (gegenüber der Gletscher-Zufahrtstraße), ☎ 752 0728. In Fox gibt es das **Fox Glacier Hotel,** ☎ 751 0839. Am Lake Matheson das **Lake Matheson Hotel,** ☎ 751 0830. In beiden Orten gibt es Motorcamps.

Informationen:
Fox Glacier Visitor Centre, State Highway 6, ☎ (03) 751 0807, Fax 751 0858. – Franz Josef Visitor Centre, State Highway 6, ☎ (03) 752 0796, Fax 752 0797.

◆
GREYMOUTH
248 km nordwestlich von Christchurch
Das Wirtschaftszentrum der Westküste liegt an der Mündung des Grey River und hat einen bedeutenden Fischereihafen. Nach Christchurch bestehen Straßen- und Zugverbindungen. Besonders reizvoll ist die Zugfahrt mit dem Tranz-Alpine (siehe S. 59).
Die Zeiten, in denen Gold, Kohle und Holz Wohlstand brachten, sind vorbei, aber die Stadt vermochte sich weiter zu behaupten. Haupttouristenattraktion ist **Shantytown** (13 km südlich), eine rekonstruierte Goldgräberstadt aus dem 19. Jahrhundert, deren Gebäude aus anderen Teilen des Westland hierher gebracht wurden. Besucher können mit einer Dampflok fahren und selbst Gold waschen. (🕐 täglich 8.30–17 Uhr. Eintrittsgebühr.)
Wer dem Grey River ins Landesinnere folgt, gelangt zu den verlassenen Überresten kleinerer Goldgräber- und Kohlebergbauorte, die die Natur allmählich zurückerobert.
Bei **Punakaiki,** etwa 47 km nördlich von Greymouth, liegen die **Pancake Rocks and Blowholes.** Der weiße Kalkstein wurde über Jahrhunderte vom Meer in bizarre Formen gepreßt, die an Pfannkuchen erinnern. Bei hohem Wasserstand und starkem Seegang schießt aus den Blowholes Wasser empor. Im Hinterland erstreckt sich der **Paparoa National Park** mit Schluchten, Höhlen und üppiger endemischer Vegetation.

Unterkunft und Restaurants
Unterkünfte bieten z. B. **Ashley Motor Inn,** 70–74 Tasman Street, ☎ 768 5135, und **Charles Court Motel,** 350 Main South Road, South Beach, ☎ 762 6619. Die Adresse für Camper lautet:

Gletschertour auf bequeme Art

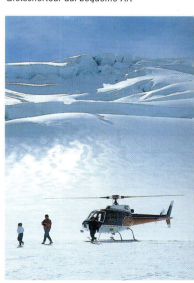

Greymouth Seaside Holiday Park, 2 Chesterfield Street, ☎ 768 6618. Essen kann man in **Kermits Bar and Brasserie** oder im Restaurant im Ashley.

Informationen
Greymouth Information Office, Regent Theatre Building, Ecke McKay/Herbert Street, ☎ (03) 768 5101, Fax 768 0317.

◆
HOKITIKA
250 km nordwestlich von Christchurch, 40 km südlich von Greymouth
Der im Goldrausch 1864 gegründete Ort zählte zwei Jahre später bereits 50 000 Einwohner – hauptsächlich Goldgräber, die von den Goldfunden in der Region angelockt wurden. Heute stellt Greenstone Hokitikas wichtigste Einnahmequelle dar. Aus dieser Jade werden Schmuck und dekorative Souvenirs hergestellt. Zwei Jadefabriken stehen zur Besichtigung offen – selbstverständlich können Sie dort auch einkaufen.
Das **West Coast Historical Museum** hat sich der Goldgräberzeit und dem Pionierleben gewidmet. (🕐 Mo–Fr 9.30 bis 16.30 Uhr, Sa/So 14–16 Uhr.) Beeindruckende Kulisse der Stadt sind die Südalpen. Um die Seen **Mahinapua** und **Kaniere** führen diverse Wanderwege.

Unterkunft und Restaurants
In Hokitika sind die Motels **Goldsborough,** 252 Revell Street, ☎ 755 8773, und **Hokitika Motel,** 221 Fitzherbert Street, ☎ 755 8282, zu empfehlen. Es gibt auch einen Campingplatz. Gutes Essen serviert **Chez Pierre** oder das **Tasman View Restaurant.**

Information
Westland Visitor Information Centre, 23 Sewell Street, ☎ (03) 755 8322, Fax 755 8026.

◆◆
KAIKOURA
191 km nordöstlich von Christchurch
Die Bahn- oder Autofahrt entlang der Kasikoura Coast ist einer der landschaftlichen Höhepunkte einer Neuseelandreise: Auf der einen Seite ragen die steilen Hänge der Kaikoura Range empor, auf der anderen Seite erstreckt sich die Weite des Pazifik. Das kleine Kaikoura entwickelte sich aus einem Walfangstützpunkt. Heute werden die Wale zwar nicht mehr getötet, doch spielen sie für die lokale Wirtschaft wieder eine wichtige Rolle, da sich der Ort zu einem Walbeobachtungszentrum gemausert hat. Auf einem Bootsausflug kann man riesige Pottwale aus nächster Nähe beobachten.
Kaikoura liegt auf einer kleinen Halbinsel, von wo aus der Blick

weit über die Bucht und die oft schneebedeckte Kaikoura Range schweift. Der insgesamt dreieinhalb Stunden dauernde Peninsula Walkway führt an allen Aussichtspunkten vorbei und gibt Ihnen außerdem die Gelegenheit, eine Robbenkolonie aus der Nähe zu betrachten. Das **Kaikoura Historical Society Museum** in der Ludstone Road enthält eine Sammlung über die Geschichte des Walfangs. (◔ Sa/So 14–16 Uhr.) **Fyffe House** in der Avoca Street ist ein Walfängerhaus aus den 60er Jahren des 19. Jahrhunderts. Heute wird es vom Historic Places Trust verwaltet. (◔ unregelmäßig – erkundigen Sie sich vor Ort.) Ebenfalls zu besichtigen ist das **Kaikoura Aquarium.** Wer jedoch Meeresfrüchte lieber ißt, sollte an einem der vielen Straßenstände, die überall an der Küste entlang zu finden sind, frische Langusten (Crayfish) probieren.

Die Pancake Rocks bei Punakaiki

Unterkunft und Restaurants
Für die Übernachtung stehen das **Alpine View**, 146 Beach Street, oder das **Kaikoura Motel**, 11–15 Beach Street, sowie vier Campingplätze zur Verfügung.
Gaumenfreuden versprechen **The Cray Pot** oder das **Caves Restaurant** mit Meeresfrüchten der Region. Kaikoura heißt übrigens auf Maori „Langusten essen".

Informationen
Information Centre, The Esplanade, (03) 319 5641,
Fax (03) 319 5308.

◆
NELSON
438 km nördlich von Christchurch
Nelson ist die nördlichste Stadt der Südinsel. Sie liegt am Nelson Haven, einer kleinen Bucht innerhalb der Tasman Bay. Das Stadtzentrum liegt eingebettet in einer Hügellandschaft. Nelson zählt zu den Gebieten mit der höchsten Sonnenscheindauer in Neuseeland und ist Zentrum einer fruchtbaren Gartenbau- (in erster Linie Obstanbau-) Region. Der holländische Seemann Abel Tasman segelte 1642 an der Bucht vorbei, ohne jedoch zu landen. Die ersten europäischen Siedler kamen 1841. 1857 ließen Goldfunde im Hinterland Nelson wirtschaftlich erblühen. Überragt wird Nelson von der **Christ Church Cathedral** am Ende der Trafalgar Street. Eine imposante Treppe führt hinauf. Diese fast ganz aus Marmor errichtete anglikanische Kathedrale wurde 1925 gebaut. Eine ansehnliche Gemäldesammlung aus der Kolonialzeit ist in der **Suter Art Gallery** in den

SÜDINSEL · CHRISTCHURCH UND DER NORDEN

Kahurangi Point
Mt. Stevens 1213m

Tasman

T a s m a n

Karamea

Karamea Bight

N E L S

S e a

Stockton
Granity
Denniston

Cape Foulwind
Carters Beach
Westport
Buller
Buller Gorge
Murchison

Charleston
Mitchells Gully Goldmine

Paparoa
Reefton
National Park

Punakaiki
Pancake Rocks & Blowholes

Paparoa Ranges

Lyell Range

Victoria Range

Grey

Lewis Pass

Greymouth
Shantytown

Lake Brunner

Mt. Ajax 1834m

Hokitika

Lake Mahinapua

Lake Kaniere

Otira
Arthur's Pass
Arthur's Pass National Park

Mt. Crossley 1987m

Ross

Mt. Murchison 2400m

Mt. Spenser

Puketeraki Range

Porter Heights

Harihari

Lake Coleridge

Ashley

Mt. Arrowsmith 2795m

W E S T L A N D

C A N T E R B U R Y

Waimakariri

Franz Josef
Franz Josef Glacier
Fox Glacier
Fox Glacier
Mount Cook National Park
Westland National Park
Mt. Tasman 3497m
Mt. Cook 3764m
3157m
Mount Cook

Mount Hutt

Darfield

Lincoln

The Thumbs 2545m

Methven

Rangitata

A l p s

Lake Ellesmere

Lake Tekapo

S o u t h e r n

Plains

Rakaia

Ashburton

Ben Ohau Range

Lake Tekapo

Lake Pukaki

Fairlie

Canterbury

Ashburton

L. Ohau
Twizel

Opuha
Temuka
Pleasant Point

Canterbury Bight

L. Benmore

Cape Farewell

Farewell Spit

Golden
Collingwood   *Bay*

Separation Point

•Totaranui

D'Urville
Island

Abel Tasman
National Park   *Tasman   Bay*

•Kaiteriteri

Motueka

*Marlborough
Sounds*

Kapiti I.

Paraparaumu

Paekakariki

Pelorus Sd.   *Mt. Stokes
1204m*▲

*C
o
o
k*

Arapawa
I.

Porirua   **Upper
Hutt**

Nelson   *Pelorus*   *Kenepuru Sd.*

Queen Charlotte Sound   *Tory Ch.*

Johnsonville

Wellington   **Lower
Hutt**

Hope   •Richmond

Havelock   **Picton**

*Port
Nicholson*

Motupiko

Brightwater

*Cloudy
Bay*

*S
t
r
a
i
t*

*Mt. Owen
1875m*▲

*Mt. Richmond
1760m*▲

Blenheim

Wairau

Plains   Renwick

Wairau

M A R L B O R O U G H

•Seddon

St. Arnaud

Rotoroa   *Lake Rotoiti*

Lake Rotoroa

**Nelson Lakes
National Park**

Cape Campbell

Awatere

Wairau

Kaikoura   Range

Clarence

Seaward Kaikoura Range

Kaikoura
Seal Colony
Kaikoura
Peninsula

*Mt. Tekoa
1612m*▲

Waiau

Culverden

Hurunui

•Cheviot

PAZIFISCHER

OZEAN

Rangiora

Pegasus

•Kaiapoi

Orana Wildlife Park   *Bay*

Queen Elizabeth Park
Christchurch

Lyttelton Harbour

Lyttelton

*Banks
Peninsula*

Akaroa

Akaroa Harbour

0   10   20   30   40   50 km

Trafalgar Street, Nelson

Queens Gardens, Bridge Street, zu besichtigen. (🕐 täglich 10.30–16.30 Uhr.)
Das **Provincial Museum** mit historischen Photographien und Sammlungen zur Maori-Kultur liegt im Isel Park in Stoke, einem südlichen Vorort. (🕐 Di–Fr 10–16 Uhr, Sa/So 14–17 Uhr.)
Die **Queens Gardens**, Bridge Street, sind ein Reservat für seltene Baum- und Farnarten. Milton Street wartet mit einem **Botanical Reserve** auf, das angeblich genau den Mittelpunkt Neuseelands bildet.
Founders Park ist ein Freilichtmuseum mit nachgebauten Gebäuden aus der Pionierzeit und historischen Verkehrsmitteln. (🕐 täglich 10–16.30 Uhr.)

Sehenswürdigkeiten außerhalb der Stadt

Tahunanui Beach, kurz **Tahuna**, ein beliebter Strand mit Wassersportmöglichkeiten und Spielplatz, liegt 5 km westlich vom Ortskern. Lebhaft geht es auch am Strand von **Kaiteriteri**, ca. 65 km westlich von Nel-

son zu. Er liegt in einer malerischen, geschützten Bucht. Im Sommer finden Bootsausflüge zum **Abel Tasman National Park** (siehe S. 94) statt. Südlich von Nelson lädt der **Nelson Lakes National Park** mit seinen beiden Bergseen und dem kleinen Ort S. Arnaud zum Wandern und Angeln ein (siehe auch Seite 95).

Unterkunft

Bestes Hotel am Ort ist das **Quality Inn**, Trafalgar Square, ☎ 548 2299. Als Motor Inn empfiehlt sich das **Trailways**, 66 Trafalgar Street, ☎ 548 7049. Daneben gibt es etliche Motels wie z. B. **AA Motor Lodge**, 8–11 Ajax Avenue, ☎ 548 8214, oder **Balmoral Motor Lodge**, 47 Munitai Street, ☎ 548 5018 (5 km vom Zentrum). Der **Tahuna Beach Holiday Park**, Beach Road, Tahunanui, ☎ 548 5159, wartet mit Bungalows und Cabins sowie Zelt- und Stellplätzen auf.

Restaurants

Gut und recht preiswert ißt man im **Quality Inn** und im **Trailways. Junipers** kocht „international", und **Fisherman's Table** an der Hafenpromenade serviert Fisch und Meeresfrüchte.

In Nelson sollte man unbedingt *scallops* (Muscheln) probieren.

Shopping

Nelson ist berühmt für seine Kunsthandwerksartikel, die man in den Geschäften im Zentrum, aber auch am Tahuna Beach findet. **Craft Habitat**, eine Werkstatt mit Verkaufsstelle an der Salisbury Road, ist täglich geöffnet. Ein Adressenverzeichnis von Kunsthandwerkern erhält man im Visitor Centre (siehe unten).

Information

Visitor Centre, Ecke Trafalgar/Halifax Street, ☎ (03) 548 2304, Fax 546 9008.

PICTON

340 km nordöstlich von Christchurch

Picton am Nordwestzipfel der Südinsel ist ein hervorragender Stützpunkt für einen Ausflug durch die malerischen **Marlborough Sounds.** Dieses komplexe System von Wasserarmen entstand, als der Meeresspiegel nach dem Ende der letzten Eiszeit anstieg und küstennahe Flußtäler überflutete. Zwischen Picton und Wellington verkehren täglich drei bis vier Fährschiffe. Betreiber der Autofähre nach Wellington ist die New Zealand Rail. Platzbuchungen sind für Autos meist erforderlich (siehe **Praktische Tips** S. 122). Auf der Überfahrt bekommt

man einen guten Eindruck von diesem Labyrinth aus Inseln, Halbinseln und Meer. In Picton werden außerdem Bootstouren in die Sounds angeboten. Die wenigen Straßen, die zu den Sounds führen, sind holprig und nicht besonders empfehlenswert.

In Picton kann man sich in der **New Zealand Experience,** London Quay/Auckland Street, über sein Gastland informieren; Audiovisuelle Shows finden alle halbe Stunde statt, daneben gibt es eine Hologramm-Vorführung sowie einen Film über den eidechsenähnlichen Tuatara. (🕓 täglich; im Sommer 9 bis 17 Uhr, im Winter 9.30–17 Uhr. Eintrittsgebühr.)

Edwin Fox ist ein ausgedienter Klipper, der 1853 für die legendäre Ostindische Kompanie gebaut wurde. Unlängst renoviert, liegt er nun in der Nähe des Fähranlegers. (🕓 täglich 8.30–17.30 Uhr.)

Im **Smiths Picton Museum** am London Quay ist eine umfangreiche Sammlung lokaler Exponate zu besichtigen, einschließlich von Relikten der Walfängerzeit. (🕓 täglich 10–16 Uhr.)

Picton ist der Fährhafen der Südinsel und ein Paradies für Segler

Unterkunft und Restaurants
An Motelunterkünften empfehlen sich z. B. das **Marlin Motel,**
33 Devon Street, ☎ 573 6784
(1 km von der Stadt entfernt),
oder das **Americano Motor
Inn,** 32 High Street, ☎ 573 6398
(nahe dem Strand und dem
Postamt).
Wer ein Hotel vorzieht, ist im
Picton Whalers Inn, Waikawa
Road, ☎ 573 7002, gut aufgehoben.
Eine Alternative ist das **Portage
Hotel,** Kenepuru Road,
☎ 573 4309, in den Marlborough
Sounds. Es ist per Boot oder
über eine holprige Straße zu erreichen, liegt direkt am Strand
und bietet alle Bequemlichkei-
ten.
Daneben gibt es eine Reihe von
Motorcamps z. B. den **Blue An-
chor Holiday Park,** 64 Waika-
wa Road, ☎ 573 7212, am Fährhafen.
Das **Americano Restaurant**
wirbt mit American Breakfast
und Brunch, ist jedoch auch
abends zu empfehlen. Mit Fisch
und Meeresfrüchten wartet das
Ship Cove auf.
Ein reizvoller Ausflug ist die
Bootsfahrt zum **Portage,** wo
Sie zu Mittag essen können.

Informationen
Information Centre, Auckland
Street, ☎ (03) 573 8838,
Fax 573 8858.

WESTPORT
*360 km nordwestlich von
Christchurch*
Die Hafenstadt liegt an der
Mündung des Buller River. Ihre
Gründung verdankt sie Gold-
gräbern, später sicherte jedoch
der Kohleabbau ihre weitere
Existenz. Die Westport-Kohle, eine schwarzglänzende Steinkoh-
le, läßt sich besonders gut ver-
heizen. In **Coaltown,** Queen
Street, der Haupttouristenattraktion Westports, sind Photographien und Relikte zur Bergbau-
geschichte der Region ausgestellt. Außerdem ist hier der
Nachbau einer historischen
Kohlengrube, eine alte Brauerei
und eine Audiovisions-Show zu
sehen. (🕐 täglich 8.30 bis
16.30 Uhr. Eintrittsgebühr.)
12 km südlich von Westport liegt
Cape Foulwind, eine kleine
Landzunge mit einem Leuchtturm, einer Robbenkolonie sowie dem Carters Beach.
Etwa 24 km südlich von Westport, bei den spärlichen Überresten der Ortschaft Charleston,
befindet sich die **Mitchells Gully Goldmine.** Mitten im alten
Schürfgebiet stehen ein restau-
riertes Wasserrad und alte Maschinen.

Unterkunft und Restaurants
Das **Black and White Hotel**
liegt im Stadtzentrum, 198 Palmerston Street, ☎ 789 7959. Wer
nach einem Motel sucht, sollte
es in der **Ascot Lodge,** 74
Romilly Street, ☎ 789 7832, oder
im **Buller Bridge Motel,** The
Esplanade, ☎ 789 7519, versuchen. Minibungalows und
Cabins unterschiedlichen Standards gibt es im **Seal Colony
Tourist Park** am Carters
Beach, ☎ 789 8002.
Cristy's Restaurant oder das
Wagon Wheel Carvery in Lar-
sens Tavern sind zwei empfeh-
lenswerte Adressen, wenn Sie
Hunger haben.

Informationen
Buller Visitor & Information
Centre, 1 Brougham Street,
☎ (03) 789 6658, Fax 789 8006.

Dunedin und der Süden

Im äußersten Norden dieser Region erhebt sich Neuseelands höchster Berg: Mount Cook, der alles beherrschende Mittelpunkt des nach ihm benannten Nationalparks. Schnee, Eis und Felsgebirge prägen die Landschaft, in die es vor allem Skifahrer und Bergsteiger zieht. Für weniger Sportliche gibt es einfache Buschwanderwege.

Nicht minder faszinierend ist das Fiordland ganz im Südwesten – ebenfalls ein Nationalpark. Die Küste ist zerschnitten von Fjorden, die weit in das wald- und seenreiche Hinterland reichen. Milford Sound ist der berühmteste und meistbesuchte Fjord; Ausgangspunkt ist Te Anau am gleichnamigen See.

Neuseelands tiefer Süden, der fast an antarktische Gebiete heranreicht, zieht Liebhaber einer rauhen, einsamen Naturlandschaft an. Mondäner geht es dagegen in Queenstown am Lake Wakatipu zu. Der Ort ist heute das populärste Ferienziel der Südinsel. Es liegt wunderhübsch und bietet vielfältige sportliche Freizeitaktivitäten. Dementsprechend wimmelt es hier geradezu von Hotels, Cafés, Nightclubs und Kneipen. Ganz anders als Queenstown präsentiert sich Neuseelands oft vergessene dritte Insel, Stewart Island. Hier ist man völlig abseits vom Touristenrummel, umgeben von Regenwald und unberührter Natur. Im südlichsten Teil Neuseelands erinnert viel an Schottland: die Landschaften, die Ortsnamen und vor allem die Provinzhauptstadt Dunedin, Heimat der einzigen Whisky-Brennerei Neuseelands.

Dunedin

Die Stadt hat einen ausgeprägt schottischen Charakter. Aber wie könnte es auch anders sein in diesem "Edinburgh des Südens" (Dun Edin ist der alte gälische Name für Edinburgh). Die zweitgrößte Stadt der Südinsel liegt am Otago Harbour, einer langgestreckten, von der Otago Peninsula geschützten Bucht. 1848 landeten hier Schiffe der Otago Association mit den ersten schottischen Siedlern an Bord, Mitgliedern der Free Church of Scotland. So entstand eine größtenteils presbyterianische Siedlung. In den 60er Jahren des 19. Jahrhunderts lösten Goldfunde den Ansturm Tausender aus. Die schö-

Jetboot auf dem Shotover River

nen viktorianischen Gebäude sowie das Otago Museum und der im Renaissancestil errichtete Bahnhof zeugen vom damaligen Wohlstand. Daneben blühten Landwirtschaft und Industrie: Hier wurde 1883 die erste Ladung von Gefrierfleisch nach England verschifft – eine Weltneuheit und die Basis für eine außerordentlich erfolgreiche Exportindustrie. Auch Neuseelands erste Universität wurde 1869 in Dunedin gegründet. Das Gebäude steht heute unter Denkmalschutz.

Sehenswürdigkeiten

◆

BOTANIC GARDENS
Great King Street
Ein Rosenweg, der Ellen Terry Garden, der Rhododendron Dell – ein umwerfender Anblick im Frühling –, Azaleen und Winter

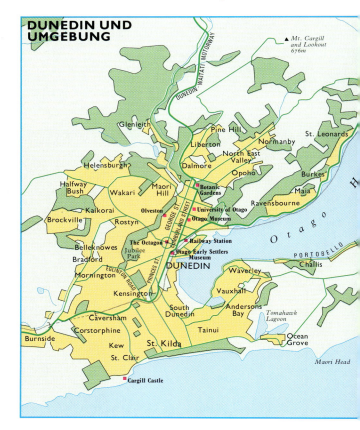

gärten laden zu einem Spaziergang ein. Daneben tummeln sich in einem Vogelhaus u. a. Keas. ⏱ täglich bis Einbruch der Dunkelheit.

◆
Dunedin Public Art Gallery
Anzac Avenue
Die älteste Kunstgalerie Neuseelands beherbergt nicht nur Werke bedeutender einheimischer Künstler wie Frances Hopkins

(1870–1947), sondern auch europäische Kunstwerke.
⏱ Mo–Fr 9–16.30 Uhr; Sa/So nur nachmittags.

◆ ◆
OCTAGON
Zwischen Princes Street und George Street
Das achteckig angelegte Stadtzentrum ist ein populärer Treffpunkt zur Lunchtime. Hier steht

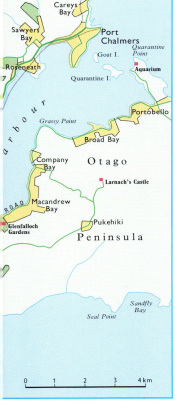

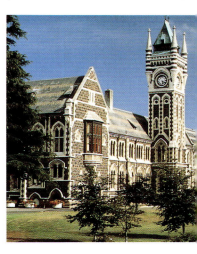

Otago University in Dunedin

das Denkmal des schottischen Nationaldichters Robert Burns, der ein Onkel eines Gründungsvaters der Stadt war, sowie das Rathaus. Die **St Paul's Anglican Cathedral** stammt von 1915. Als Baumaterial wurde Oamaru-Kalkstein verwendet. Ein paar Blöcke weiter finden Sie die **First Church,** ein im neogotischen Stil 1868–1873 errichtetes presbyterianisches Gotteshaus. Das *Carnegie*

Centre, nicht weit davon am Moray Place, beherbergt eine Reihe kleiner Kunstgewerbeläden und Galerien.

OLVESTON HOUSE
Royal Terrace
Die feudale, 1906 im jakobinischen Stil erbaute Villa eines wohlhabenden Geschäftsmanns ist für ihre hervorragende Sammlung von Antiquitäten und Kunstgegenständen bekannt. ⏱ täglich. Sehr lohnenswerte einstündige Führungen finden jeden vormittag um 9.30 und 10.45 Uhr statt, am So auch um 13.30, 14.45 und 16 Uhr. Eintrittsgebühr.

OTAGO EARLY SETTLERS MUSEUM
Cumberland Street
Die interessante Ausstellung umfaßt Gegenstände und Photographien aus der Zeit der ersten Siedler und Goldgräber. Zu sehen ist auch die Dampflokomotive „Josephine" sowie eine der ersten, der Cable Car von San Francisco ähnelnden Trambahnen von Dunedin, die bis 1957 in Betrieb waren. ⏱ Mo–Fr 9–16.30 Uhr, Sa 10.30–16.30 Uhr, So 13.30 bis 16.30 Uhr. Eintrittsgebühr.

OTAGO MUSEUM
Great King Street
Dieses Museum gibt nicht nur einen Einblick in die neuseeländische, polynesische und melanesische Kultur, sondern beherbergt auch Sammlungen über die klassischen Zivilisationen der Alten Welt. ⏱ Mo–Fr 9–16.30 Uhr, Sa erst ab 10.30, So ab 13.30 Uhr.

OTAGO PENINSULA
Die Dunedin und seinem Hafen vorgelagerte Halbinsel birgt in unmittelbarer Stadtnähe eine Fülle an Sehenswürdigkeiten. Für den Schutz ihrer noch intakten Natur und Landschaft setzt sich der Otago Peninsula Trust ein. **Larnach's Castle** wurde im stil schottischer Schlösser mit Ballsaal und Zinnen gebaut. Der ehemalige Bankdirektor und Parlamentsabgeordnete William Larnach ließ Neuseelands einziges Schloß 1871 auf einem weitläufigen Grundstück erbauen. (⏱ täglich 9–17 Uhr. Eintrittsgebühr.)
Die **Glenfalloch Gardens** gehörten früher ebenfalls zu einer Villa. Am schönsten ist die üppig blühende Parkanlage mit ihren einheimischen Bäumen und exotischen Sträuchern im September/Oktober. Auf der Terrasse wird nach englischer Art Tee

Die Great Hall im Olveston House

Die Otago Peninsula

serviert. (🕐 täglich außer Fr nachmittag. Eintrittsgebühr.) **Taiaroa Head** liegt auf der Spitze der Halbinsel, etwa 30 km vom Zentrum Dunedins entfernt. Hier wurde 1886 die „Disappearing Gun", eine versenkbare Kanone, aufgestellt, um eine vermeintliche Bedrohung durch die Russen abzuwehren. Die größte Attraktion ist jedoch die **Königsalbatros-Kolonie** (s. S. 95).

◆
RAILWAY STATION
Anzac Avenue
Das prunkvolle, 1904 errichtete Bahnhofsgebäude wird heute nur noch von zwei Zügen täglich angefahren. Innen wie außen ist es einen Blick wert: Mosaikböden, stilvolle Wandfliesen und farbige Glasfenster machen es zu einem echten Kunstwerk.

Weitere Sehenswürdigkeiten
Der 676 m hohe **Mount Cargill Lookout,** 8 km nördlich der

Stadt, bietet ein herrliches Stadt-, Hafen- und Küstenpanorama. Vom 393 m hohen **Signal Hill** schweift der Blick weit über Stadt und Hafen; die Bronzefiguren des Centennial Monument symbolisieren Vergangenheit, Gegenwart und Zukunft. Die Vororte **St. Kilda** und das angrenzende **St. Clair** haben schöne weiße Sandstrände. Die Ocean Beach Railway, eine dampfbetriebene Oldtimerbahn, verkehrt am Wochenende zwischen den beiden Orten.

Unterkunft
In Dunedin sind vor allem Motels zu empfehlen:
Abbey Motor Lodge,
900 Cumberland Street,
☎ 477 5380; guter Standard.
Academy Court, 624 George Street, ☎ 477 7692; kleines, gutes Motel.
Alcala Motor Lodge, St Davids Street, ☎ 477 9073, gutes Motel, gehört zur Motor-Lodge-Kette.
Cargills Motor Inn, 678 George Street, ☎ 477 7983; guter Standard, Flag-Kette.

SÜDINSEL · DUNEDIN
UND DER SÜDEN

T a s m a n

S e a

Haast

Jackson Head · *Jackson Bay*

Cascade Point

Mount Aspiring
National Park

Range

Olivine

Big Bay

Martins Bay

Mount
Aspiring
3027 m

Milford Sound

Mitre Peak
1694 m

Milford
Sound

Dart

Rees

Southern

Lake
Wanaka

Matukituki

Valley

Richardson

Mts.

2819 m

Treble Cone
Wanaka

Homer
Tunnel

McKinnon Pass

Franklin Mts.

Kinloch

Glenorchy

Shotover

Mt. Cardrona
1934 m

Cardrona

Glade House

Stuart

Mts.

Hollyford

Eglinton

Mts.

Coronet Peak

Arrowtown

Frankton

Fiordland

Secretary I.

Doubtful Sound

Murchison

Mts.

Te Anau
Caves

Lake
Te Anau

Livingstone

Mts.

Queenstown

Lake
Wakatipu

Kawarau

The

2072 m

Remarkables

National Park

Kepler Mts.

West
Arm

Te Anau

Eyre

Mts.

Kingston

Garvie

Mts.

Waikaia

Power Station

Lake
Manapouri

Manapouri

Resolution
I.

Takitimu Mts.

S O U T H L A N D

Lumsden

Cameron

Mts.

L.
Monowai

Waiau

Aparima

Oreti

Riversdale

Lake
Hauroko

Otautau

Winton

Gore

Lake
Poteriteri

Tuatapere

Mataura

Puysegur
Point

Te Waewae
Bay

Riverton

Invercargill

Solander I.

Foveaux

Bluff
Stirling Pt.

Bluff Harbour

Toetoes
Bay

Tokanui

Codfish I.

Mount Anglem
980 m

Mason
Bay

Oban

Halfmoon Bay

Paterson Inlet

Strait

Mt. Allen
750 m

Stewart Island

South West Cape

Gillespies Point
Franz Josef Glacier
Fox Glacier
Fox Glacier
Mount Cook National Park
Mount Hutt
Rakaia
Methven
Westlands National Park
Mt. Tasman 3497m
Mt. Cook 3764m
Tasman Glacier
3157m
Mount Cook
The Thumbs 2545m
Rangitata
CANTERBURY
Lake Tekapo
Plains Village
Ashburton
Tinwald
ESTLAND
Landsborough
Ben Ohau Range
Lake Pukaki
Lake Tekapo
Fairlie
Opihi
Canterbury Plains
Temuka
Pleasant Point
Haast Pass
Young Range
Hunter
Haast Pass
Mackenzie Country
Twizel
Kirkliston Range
Timaru
Caroline Bay
Lake Ohau
Lake Benmore
The Hunter Hills
Canterbury Bight
ALPS
Lake Hawea
Ahuriri
Omarama
Otematata
2087m
Waimate
Dunstan Mts.
Hawkdun Range
Waitaki
1961m
St. Bathans
45th Latitude
Clutha
Cromwell
Cromwell Gorge
Naseby
Kakanui Mts.
Oamaru
Clyde Dam
Clyde
Ranfurly
OTAGO
Alexandra
Shag
Moeraki Point
Taieri
Roxburgh Dam
Roxburgh
Palmerston
Clutha
Otago Harbour
Taiaroa Head
Lawrence
Port Chalmers
Otago Peninsula
Mosgiel
Dunedin
Pomahaka
Milton
Balclutha
Owaka
Nugget Point
Chaslands Mistake

PAZIFISCHER

OZEAN

0 10 20 30 40 50 km

Commodore, 932 Cumberland Street, ☎ 477 7766; gutes Motel.

Quality Inn, Upper Moray Place, ☎ 477 6784; gutes Motel..

Regal Court, 775 George Street, ☎ 477 7729; First Class.

Southern Cross Hotek, 118 High Street, ☎ 477 9752; im Zentrum, First Class.

Preiswerte Unterkunftsmöglichkeiten:

Aaron Lodge Motel & Holiday Park, 162 Kaikourai Valley Road, ☎ 476 4725; 5 km außerhalb, Campingplatz mit Cabins und einfachen Minibungalows.

Elm Lodge, 74 Elm Row; Zentrum, 60 Betten, für nichtrauchende Rucksacktouristen.

Leviathan Hotel, Ecke High/Cumberland Street, ☎ 477 3160; im Zentrum, mittelmäßig.

Restaurants

Abbeys, Abbey Motor Lodge; Mittags- und Abendbuffet.

Aggies, Pacific Park Hotel; erstklassige neuseeländische Küche und schöne Aussicht.

Cargills, Cargills Motor Inn; französische Küche.

Cobb & Co, Lawcourts Establishment, 53 Lower Stuart Street; familienfreundlich.

La Scala, Alton Avenue; italienisches Ambiente in der Vorstadt.

McDonalds, 232 George Street, Zentrum; so wie überall.

Savoy, 50 Princes Street, Zentrum; „Alte-Welt"-Atmosphäre.

Southern Cross Hotel, Foyer; Restaurant, Bierstube und rund um die Uhr geöffnetes Café.

Unterhaltung und Nachtleben

In den meisten *Taverns* spielen Freitag- und Samstagabend Live-Musikbands. Ein guter Tip ist **Gardens Tavern** oder **Shoreline Motor Inn.** Jazztöne erklingen zuweilen im **Savoy Restaurant.** Nachtklub-Atmosphäre findet man in **Sammy's Cabaret** oder im **Club Nouveau** (außer Mo und Di).

In der **Allen Hall** auf dem Otago University Campus werden Theaterstücke von Studenten

Atemberaubend ist der Blick vom Mount Cargill über den Hafen

oder auch Wanderbühnen aufgeführt. Theaterstücke zeigen **Fortune Theatre** (Upper Moray Place) und **Globe Theatre** (104 London St.).

Shopping
Haupteinkaufsstraße ist die George Street. **Arthur Barnetts** ist Dunedins führendes Kaufhaus. Im **Carnegie Centre,** Upper Moray Place, hat sich vorwiegend Kunstgewerbe niedergelassen. Bücher über die Siedlungsgeschichte Dunedins und Otagos sind im **Otago Heritage Shop** am Octagon erhältlich. Die meisten Geschäfte sind Freitag bis 21 Uhr geöffnet.

Information
Visitor Centre, 48 The Octagon, ☎ (03) 474 3300, Fax (03) 474 3311. – AA, 450 Moray Place, ☎ 477 5945.

Sehenswürdigkeiten im Süden der Südinsel

◆
ALEXANDRA
190 km nordwestlich von Dunedin
Der kleine Ort liegt im relativ kargen Zentral-Otago, ist aber das Tor zu einer landschaftlich reizvollen Berg- und Seenwelt. Das Gebiet um den Clutha River war in den 60er Jahren des vorigen Jahrhunderts der Schauplatz fieberhafter Goldsuche. Nachdem die oberflächlich gelegenen Goldlager ausgebeutet waren, verlagerte sich die Suche auf goldhaltigen Kies, der mit Hilfe großer Schwimmbagger aus den Tiefen ausgegraben wurde. Heute ist die Gegend ein Zentrum für den Steinobstanbau.

Von der alten Stadtbrücke (1882) sind noch die Pfeiler zu sehen, und auf der Knobbie Range, einem Hügel am Stadtrand, zeigt eine überdimensional große, erleuchtete Uhr die Zeit an. Über die Little Valley Road gelangt man zum **Tucker Hill Lookout** (1,5 km außerhalb der Stadt), von dem aus man einen herrlichen Blick auf Alexandra und seine unmittelbare Umgebung hat.
Das **Sir William Bodkin Museum** in der Thomson Street gibt Einblick in die Zeit des Goldbergbaus. (🕐 werktags 14 bis 16 Uhr.)
Weitere sehenswerte historische Gebäude sind das 1876 aus Schiefer errichtete **Alexandra Courthouse** in der Tarbert Street sowie das knapp ein Jahrhundert alte Lehmziegelhaus **Vallance Cottage** in der nahegelegenen Samson Street. In der letzten Septemberwoche wird in Alexandra alljährlich das Obstblütenfest gefeiert.
Ein Tagesausflug führt zu den schönen alten Goldgräberstädtchen **Naseby** und **St Bathans** (nordöstlich von Alexandra). Das ausgezeichnete Early Settlers Museum in Naseby zeigt Exponate aus der Zeit des Goldrausches.

Unterkunft und Restaurants
Hotel- wie auch Motelzimmer bietet das **Centennial Court Motor Inn**, 96 Centennial Avenue, ☎ 448 6482. Guten Motelstandard hat das **Avenue Motel**, 119 Centennial Avenue, ☎448 6919. Camper haben die Wahl zwischen zwei Campingplätzen.
Das Centennial Court betreibt auch ein Restaurant, ansonsten gibt es das schon über 100

Bluff ist berühmt für seine Austern

Jahre alte **Bendigo Restaurant
und Bar**. Etwas weiter oben, in
Clyde, sollte man einmal **Oli-
vers** probieren. Im historischen
Steinhaus wird das Essen zu
Live-Musik serviert.

Information:
Central Otago Visitor Information Centre, 22 Centennial Ave,
☎ (03) 448 9515, Fax 448 9516.

INVERCARGILL
*217 km südwestlich von
Dunedin*
Fast ganz am Südzipfel der
Südinsel gelegen, bildet Invercargill das Zentrum des fruchtbaren Southland. Weil der Nie-
derschlag übers ganze Jahr
gleichmäßig verteilt ist, bleiben
die Weiden immer grün – ideale
Bedingungen für die Schafzucht.
Mit dem Hafen Bluff, 30 km von
Invercargill entfernt, „endet" die
South Island. Bluff ist weltweit
für seine Austern bekannt. Hinter dem Hafen führt eine Straße
zum 265 m hohen **Bluff Hill** hinauf. Hier hat man einen groß-
artigen Blick über den Hafen
und – wenn es nicht gerade
regnet – bis zur Stewart Island.

Hinter Bluff führt die Straße weiter nach **Stirling Point**. An diesem südlichsten Aussichtspunkt
steht ein Schild, das Sie informiert, wie weit andere Städte
der Welt von hier entfernt sind.
Das 1865 gegründete Invercargill besitzt zahlreiche schöne
Parkanlagen und Grünflächen.
Seine Hauptattraktion ist das
**Southland Centennial Muse-
um** in der Gala Street mit historischen Ausstellungsstücken sowie dem einmaligen Tuatarium,
in dem diese Brückenechsen,
die einzigen Überlebenden einer
vor 100 Millionen Jahren ausgestorbenen Reptilienfamilie, be-
obachtet werden können. Daneben bietet eine audiovisuelle
Ausstellung einen Einblick in die
subantarktische Umgebung.
(☾ werktags 10–16.30 Uhr, Sa/
So 14–17 Uhr.)
Sehenswert ist auch der nahegelegene **Queens Park**, mit
Wintergärten, Vogelhaus und
Wildgehege.
Die **City Art Gallery** ist im Anderson Park, 7 km außerhalb
der Stadt, in einer ehemaligen
Villa untergebracht und widmet
sich zeitgenössischer Kunst.
(☾ 14–16.30 Uhr, Mo und Fr
geschl.)

Unterkunft
In Invercargill ist das **Kelvin
Hotel** in der Innenstadt, 16 Kel-
vin Street, ☎ 218 2829, zu emp-
fehlen. Oder auch das hübsche
Ascot Park Motor Hotel auf
einem 7 ha großen Grundstück
Ecke Tay Street/Race Course
Road, ☎ 217 6195, etwas außer-
halb der Stadt.
Alternativen bieten **Townsman
Motor Lodge**, 195 Tay Street,
☎ 218 8027, und **Balmoral
Lodge**, 265 Tay Street,
☎ 217 6109.

Außerdem gibt es mehrere Motor Camps und Campingplätze.

Restaurants
Gepflegt speisen läßt es sich im Restaurant des Ascot Park Hotel oder im **High Lights Room** im obersten Stockwerk des Kelvin Hotel. Das **Strathern Inn** im altenglischen Stil wurde bereits mehrfach ausgezeichnet; ebenso das auf neuseeländische Küche spezialisierte **Donovan Restaurant**. Am Stirling Point, hinter Bluff, liegt das **Trawlers Restaurant**, das den Anspruch erhebt, das südlichste Restaurant der Südinsel zu sein.

Information
Visitor Information Centre, 82 Dee Street, ☎(03)2188178.

MANAPOURI UND TE ANAU
ca. 290 km westlich von Dunedin
Ganz im Südwesten der South Island liegen die großen, von Bergen eingerahmten Seen Manapouri und Te Anau, die bis zum Fiordland National Park (s. S. 80) reichen. Lake Te Anau

Invercargill macht einen gepflegten Eindruck

ist mit seinen 344 km² der größte See der Südinsel. An seinem Ostufer erstreckt sich vorwiegend Farmland, am Westufer hingegen schneiden drei Fjorde tief in die weite, zerklüftete Landschaft ein.
Der Nachbarsee Manapouri ist mit 433 m Neuseelands tiefster See. Ein in den 60er Jahren vorgelegter Plan, den Wasserspiegel um 11 m zur Stromgewinnung zu erhöhen, führte zu energischem Protest in der Öffentlichkeit. So blieb der See letztendlich in seiner ursprünglichen Schönheit erhalten.
An beiden Seen liegt je eine gleichnamige kleine Ortschaft. Te Anau ist Ausgangspunkt für Ausflüge in die rauhe Gebirgsregion des Fiordland mit dem gewaltigen Milford Sound (s. S. 80). Die winzige Ortschaft Manapouri liegt nur 19 km von Te Anau entfernt. Die beiden Orte teilen sich einen Flughafen. Nach Te Anau verkehren außerdem Linienbusse von Christchurch, Dunedin, Invercargill, Milford Sound und Queenstown aus.

Bootsausflüge
Auf dem Lake Te Anau werden verschiedene Bootsausflüge angeboten, z.B. zu den **Te Anau Caves**, ein Kalksteinhöhlensystem mit unterirdischem Fluß, Wasserfall und Glühwürmchengrotte. Die Höhlen wurden erst 1948 entdeckt und sind nur mit dem Boot zu erreichen und zu besichtigen. In der Nähe der Höhlen wurde ein Reservat für den äußerst seltenen Takahe geschaffen. Der flugunfähige Vogel galt bis 1948 als ausgestorben. Andere Schiffstouren führen zum Glade House am oberen Seeufer, dem Ausgangs-

punkt für Wanderungen auf
dem Milford Track (s. S. 82).
Die populärste Sightseeing-Tour
auf dem Lake Manapouri beginnt mit einer Bootsfahrt über
den wunderschönen See zum
West Arm; dort geht es per
Bus durch einen gut 2 km langen Tunnel weiter zu einem
213 m unter der Erde liegenden
Wasserkraftwerk. Das Seewas-
ser wird durch einen 10 km langen Ablaufstollen bei **Doubtful
Sound** ins Meer geleitet. Doubtful Sound wird übrigens auch
von einigen Ausflugsschiffen
angelaufen. Das **Fiordland
Travel Centre**, das den Großteil der lokalen Touristenausflü-
ge veranstaltet, liegt im Ort Te
Anau, direkt am See (s. S. 7).

Wanderungen
Der **Fiordland National Park**
ist Neuseelands größter, unzu-
gänglichster und am wenigsten
erforschter Park. Das 1,2 Mio.
ha große Gebiet ist von Wanderwegen unterschiedlichster
Schwierigkeitsgrade und Länge
durchzogen. Dutzende von Fjorden (hier Sounds genannt) mit
nahezu vertikalen Wänden zerschneiden die unwegsame Ge-
birgslandschaft. Siehe auch **Natur** S. 96.
Der **Kepler Track**, eine drei-
bis viertägige Wanderung durch
bewaldetes Hochland zwischen
den Seen Te Anau und Manapouri, ist nur erfahrenen Wan-
derern zu empfehlen. Nähere
Einzelheiten über Wanderungen
unter **Milford Sound** und
Queenstown, S. 82 und 86.

Unterkunft
Die **Te Anau Hotel Travelodge**, Te Anau direkt am Terrace, ☎ 249 7411, ist ein Hotel
der gehobenen Klasse.

Das komfortable **Village Inn**
mit vielen Annehmlichkeiten,
Mokoroa Street, ☎ 249 7911,
wurde einem Pionierdorf nach-
empfunden; es ist auch für Körperbehinderte geeignet. Daneben gibt es u. a.: **Explorer
Motel**, 6 Cleddau Street,
☎ 249 7156, und **Aden Motel**,
59 Quintin Drive, ☎ 249 7748.
Manapouri bietet u. a. die
Fiordland Lakeside Lodge,
☎ 249 6652, und den **Lakeview
Motor Park**.

Information
Fiordland Travel Ltd, Te Anau
Terrace, ☎ (03) 249 7419,
Fax 249 7022.

◆ ◆ ◆
MILFORD SOUND
*387 km nordwestlich von
Dunedin*
Milford Sound, von Rudyard
Kipling als das „achte Weltwun-
der" beschrieben, ist der nördlichste und berühmteste der
Fjorde. Er ist 15 km lang und
350 m tief, an manchen Stellen
fast so eng wie eine Schlucht

mit 1200 m hohen steilen Klippen, von denen tosende Wasserfälle ins Meer stürzen; die Fakten sind aber bei weitem nicht so beeindruckend wie die Realität! Die Bootsfahrt durch den Sound ist ein absolutes *must*; die Bowen- und Stirling-Wasserfälle sowie der 1694 m hohe, wie eine Pyramide über dem Wasser aufragende Mitre Peak lassen sie zu einem unvergeßlichen Erlebnis werden. Im Ort Milford Sound werden Rundflüge über den Sound angeboten. Milford Sound ist der am leichtesten zugängliche Fjord. Er liegt am Ende einer 119 km langen Straße, die von Te Anau hierher führt. Die Straße zählt zu den schönsten Strecken in Neuseeland; sie schlängelt sich durch Gebirge, vorbei an Seen, durch einen hochgelegenen Tunnel und biegt in das Cleddau Valley ein, bevor sie sich malerisch zum Sound hinunterwindet. Die Stra-

Der Milford Track führt durch eine unberührte Natur

Der gewaltige Milford Sound – ein Highlight jeder Neuseelandreise

ße ist teilweise ungeteert; im Winter besteht Schnee- und Lawinengefahr. Autofahrer sollten sich zur eigenen Sicherheit unbedingt an die Warnschilder halten. Der Homer-Tunnel ist gerade für zwei Autos breit genug, doch gewöhnlich wird er im Einbahnverkehr geregelt, der für jede Richtung halbstündig geschaltet ist. Reisebusse halten sich nicht immer dran. Wer den Linksverkehr bzw. Schotterstraßen nicht gewöhnt ist, sollte vielleicht lieber eine Bustour von Te Anau oder Queenstown aus buchen. Flugverbindungen bestehen außerdem von Te Anau und Queenstown.

Wanderungen

Der **Milford Track** ist eine viertägige Wanderung, die größtenteils durch Regenwald führt. Vom Glade House am oberen Ende des Lake Te Anau geht es über den McKinnon Pass und entlang des Arthur River hinunter zum Sandfly Point (der seinem Namen mehr als gerecht wird!) am Milford Sound. Unterwegs lohnt sich ein Abstecher zu den 580 m hohen Sutherland Falls. Sowohl am Anfang wie auch am Ende des Tracks steht eine Bootsfahrt. Man hat die Wahl zwischen einer geführten Tour, bei der man in „Mini-Hostels" übernachtet, oder einem „Freedom Walk", bei dem man in den Hütten des Park Board schläft. Vorausbuchungen sind in beiden Fällen erforderlich. Geht man allein, braucht man eine Wandergenehmigung. Auskünfte erteilt Fiordland Travel Ltd in Te Anau (s. S. 80).

Der **Hollyford Track** führt durch das 80 km lange Hollyford Valley bis zur Küste an der Martins Bay. Der ganze Weg dauert 8 Tage, aber Pauschalangebote verkürzen die Wanderung durch Jetboot oder Flugzeug. Buchungen beim **Hollyford Tours & Travel**, Queenstown Airport, Wakatipu.

Unterkunft

Im Ort Milford Sound beschränkt sich das Angebot auf das **Hotel Milford Sound**, ☎ 249 7926, und die **Milford Sound Lodge**, ☎ 249 8071, eine Art Jugendherberge mit Zeltplätzen. Im Milford Hotel kann man sich bei einem herzhaften Smörgåsbord-Lunch (s. S. 99) stärken. Von der Lounge aus hat man einen phantastischen Ausblick auf den Mitre Peak.

MOUNT COOK

329 km nordwestlich von Dunedin

Mit seinen 3764 m ist der Mount Cook Neuseelands höchster Berg, benannt zu Ehren von James Cook. 1991 gab es am Gipfel einen gewaltigen Erdrutsch. Die Maori nennen den Berg Aorangi, „den Berg, der die Wolken durchstößt" – eine treffende Beschreibung seiner pyramidenähnlichen, schon von weitem gut erkennbaren Form.

Die kleine Ortschaft Mount Cook heißt auch The Hermitage – nach dem besten Hotel am Platz.

Zwischen Mount Cook und Christchurch bzw. Queenstown verkehren täglich Bus- und Fluglinien.

Um die Ortschaft erstreckt sich der 7000 ha große **Mount Cook National Park** mit seinen Berggipfeln, Tälern und Gletscherlandschaften, durchzogen von zahlreichen Wanderwegen. Informationen erhalten Sie im National Park Visitor Centre. Das alpine Gelände – mehr als ein Drittel ist permanent unter Schnee – ist mehr für geübte Bergsteiger als für Wanderer geeignet.

Außerordentlich beliebt sind Rundflüge über den Mount Cook und die Südalpen bis hin zum Franz-Josef- und zum Fox-Gletscher (s. S. 60); eine Landung auf dem Schneefeld des **Tasman-Gletschers** ist inbegriffen. Letzterer ist übrigens mit seinen 29 km der längste Gletscher der Welt in einer gemäßigten Klimazone.

Skifahrer können sich zu den Schneefeldern an der Spitze des Gletschers fliegen lassen. (Skilifte gibt es keine!)

Seenlandschaft in den Südalpen

Unterkunft

Bestes Hotel ist das **Hermitage** in Mount Cook, 435 1809; empfehlenswert sind auch das Hotel und Motor Lodge **Glencoe Lodge**, ☎ 435 1809, und **Mount Cook Chalets**, ☎ 435 1809. Alle drei liegen inmitten der grandiosen alpinen Landschaft. Das Hermitage besitzt zwei Restaurants und ein Café. Camper sind im 23 km entfernten **Glentanner Park**, State Highway 80, Glentanner, ☎ 435 1855, am Lake Pukaki, gut aufgehoben.

◆
OAMARU

115 km nördlich von Dunedin
Oamaru, Schafzucht- und Handelszentrum der nördlichen Otago-Region, ist v. a. für seinen weißen Kalkstein bekannt, der zum Bau vieler öffentlicher Gebäude in ganz Neuseeland verwendet wurde. In den umliegenden Steinbrüchen wird der Stein einfach mit der Säge aus dem Boden geschnitten. Im Laufe der Zeit erhärtet sich der Stein. Oamarus stattliche alte Kalksteingebäude – viele reihen sich entlang der Thames Street – aus dem späten 19. Jahrhundert verleihen der Stadt einen besonderen Charme. Die **National Bank** stammt von 1870, die **Bank of New South Wales** von 1884. Letztere beherbergt heute die **Forrester Art Gallery**. Auch das „alte" (1864) und „neue" (1884) Postamt sind einen Blick wert. Ein wahres Kleinod sind die schon vor langer Zeit angelegten **Oamaru Gardens** in der Severn Street, in der Nähe des Zentrums, mit ihren Skulpturen, dem Vogelhaus und vielen weiteren Attraktionen.

Etwa 22 km nördlich der Stadt verbindet eine 1 km lange Brücke über den Waitaki River, der hier die Grenze bildet, die Provinzen Canterbury (Christchurch) und Otago (Dunedin).

Unterkunft und Restaurants

An Unterkünften hat Oamaru hauptsächlich Motels zu bieten. Die gut eingerichtete **Heritage Court Motor Lodge**, 346 Thames Highway, ☎ 437 2200, oder das **Colonial Lodge Motel**, 509 Thames

Highway, ☎ 437 0999, sind einen Versuch wert.
Für das leibliche Wohl sorgen der **Wanbrow Room** im alten Brydone Hotel oder das **Shaze Restaurant**.

Shopping und Information
Die Haupteinkaufsstraße ist die Severn Street. Hier befindet sich auch das Information Centre, ☎ (03) 434 5643, Fax 434 8442.

◆ ◆ ◆
QUEENSTOWN
283 km nordwestlich von Dunedin
Das quirlige, weltoffene Queenstown ist zweifelsohne der populärste Ferienort der Südinsel. Er breitet sich am Lake Wakatipu aus, vor der Kulisse der mächtigen Bergkette der Remarkables. Queenstown verfügt über ein gut ausgebautes Flug- und Busverkehrsnetz, auch Stadt-

Queenstown am Lake Wakatipu

rundfahrten werden angeboten. Langeweile kann in Queenstown kaum aufkommen: Auf dem See bieten sich Bootsausflüge, Segeln oder Windsurfen an, die Flüsse in der Umgebung locken mit Jetboot-Fahrten oder White-Water-Rafting (Wildwasserrafting). Bungy Jumper haben sogar zwei Brücken zur Auswahl: die 43 m hohe histrosiche Kawarau Bridge oder die 70 m hohe Skippers Briodge über den Shotover River. Im Winter kann man Skifahren, im Sommer wandern oder klettern. Und wer sich diese grandiose Landschaft von oben ansehen will, kann einen Rundflug per Helikopter oder Flugzeug buchen.
Um seinem internationalen Image gerecht zu werden, gestaltet Queenstown sein Nachtleben aktiver als die meisten anderen Urlaubsorte des Landes. Es gibt ausgezeichnete Restaurants und Live-Unterhaltung.

Sehenswürdigkeiten der Umgebung
Der historische Dampfer *TSS Earnslaw* (1912), lädt täglich zu nostalgischen Fahrten über den See ein. In alten Zeiten transportierte er hauptsächlich Frachtgut. Romantikern ist besonders die Abendfahrt zu empfehlen. Bootsausflüge führen zum Frankton Arm oder über den See zu einer der Hochlandschaffarmen – Cecil Peak, Walter Peak oder Mount Nicholas. Hier ist es möglich, sich über Schafzucht, Schafschur, Hirtenhunde oder Wollspinnerei zu informieren.
Ein paar Gehminuten vom Stadtkern entfernt, am Ende der Brecon Street, liegt die Talstation der **Queenstown Gondo-**

la. Diese Kabinenseilbahn fährt
zum 440 m hohen Bobs Peak
hinauf. Von dort hat man eine
phantastische Aussicht über die
Stadt, den See und die Berge.
Stärken kann man sich dann im
Gipfelrestaurant. Unten an der
Talstation liegt das **Queenstown Motor Museum**, dessen
breitgefächerte Oldtimer-Aus-
stellung jedem Autoliebhaber
das Herz höher schlagen läßt.
(🕐 täglich 9–17 Uhr.)
Im populären Skigebiet am **Coronet Peak** ist von Juni bis
September Skisaison. Die Lifte
liegen etwa 20 km außerhalb
von Queenstown (Busverbin-
dung), ein Sessellift fährt zum
1650 m hohen Gipfel hinauf.
Von der Coronet Peak Road
führt eine Seitenstraße zum
Skippers Canyon ab, die noch
aus der Goldgräberzeit stammt
– in Skippers lag eines der ergiebigsten Goldfelder des Landes. Allein der Nervenkitzel der
Fahrt auf dieser steilen schmalen Straße lohnt den Ausflug.
Allerdings sollten das nur geübte Autofahrer wagen, ansonsten
nehmen Sie besser mit einem
Ausflug im Kleinbus vorlieb.
Mietwagen und Wohnmobilen
ist die Durchfahrt verboten.
Goldfunde waren es, die 1862
Tausende von Menschen nach
Queenstown und vor allem ins
20 km entfernte **Arrowtown**
lockten. In der malerischen
Buckingham Street, Arrowtowns
Hauptstraße, läßt sich das Flair
der alten Goldgräberzeit in Geschäften und Kneipen – und
natürlich Souvenirläden! – noch
schnuppern.
Im **Lakes District Centennial
Museum**, am Ende der Hauptstraße, sind Relikte aus dem
Goldbergbau und sonstige historische Erinnerungen an die

Die Qual der Wahl

Wakatipu-Gegend ausgestellt
(🕐 täglich 9–17 Uhr).
In Arrowtown findet alljährlich in
der dritten Aprilwoche ein far-
benfrohes Herbstfest statt.
Die Straße nach Arrowtown
überquert eine Brücke über den
Shotover River, der sich etwas
weiter stromaufwärts durch den
Skippers Canyon schlängelt.
Von der Brücke aus kann man
Bungy Jumpern beim Sprung in
die Tiefe oder Jetboot-Fahrern
zusehen; wer selbst jetbooten
möchte, kann in der Stadt buchen. Die Jetboote – heute eine
Touristenattraktion – sind eine
neuseeländische Erfindung.
Durch ein spezielles Wasseran-
triebssystem kann man die kleinen, äußerst manövrierfähigen
Boote selbst durch sehr seich-
tes Wasser lenken. In halsbre-
cherischem Tempo rasen die
Boote durch enge Schluchten –
da sind starke Nerven gefragt.
Aufregend ist besonders die
Shotover-Jet-Tour. Die Betreiber
bieten ein Arrangement ab
Queenstown an.
Die Straße zum oberen Ende
des Lake Wakatipu führt ebenfalls durch eine zauberhafte
Landschaft. Oben angelangt,
hat man die Wahl zwischen verschiedenen Wanderwegen.

In Queenstown

Wanderwege

Der 39 km lange **Routeburn
Track** ist eine drei- bis viertägige Wanderung über die Berge
ins Hollyford Valley an der Milford Sound Road. Diese relativ
einfache, populäre Wanderung
beginnt bei Glenorchy am Lake
Wakatipu. Auch hier hat man
die Wahl zwischen einer geführten Tour mit Übernachtung in
Mini-Hotels oder einem „Freedom Walk" mit Übernachtung
in Hütten – sofern Platz ist! Nähere Auskünfte erteilt jedes Information Centre in Queenstown.
Alternativen bieten der **Greenstone Track** oder der **Caples
Track**; beide führen ins Hollyford Valley. Im Sommer fahren
Busse von Queenstown zum
Ausgangspunkt der Tracks. Alle
drei Routen führen durch Wald,
bieten aber immer wieder herrliche Ausblicke auf die Berge.
Die Hänge fallen zum Teil steil
ab, doch die Wege sind gut
markiert. Rechnen Sie jederzeit
mit Regen, im Winter auch mit
schneebedeckten Wegen. Die

Route wird gewöhnlich nur im
Sommer, also von November bis
Mai, begangen.
Zu den weiteren Touristenattraktionen in der Umgebung
von Queenstown zählt der no-
stalgische **Kingston Flyer**, ein
Museumszug, der im Sommer
zwischen Kingston am Südende
des Lake Wakatipu und Fair-
light verkehrt. Das Zugpersonal
trägt sogar Originaluniformen.

Unterkunft

Das **Sainsbury Holiday Inn**,
Sainsbury Road, Fernhill,
☎ 0800-655557, das **Queenstown Parkroyal**, Beach Street,
Lake Esplanade, ☎ 442 7800,
sowie das **Queenstown Resort
Hotel**, Ecke Marine Parade/Earl
Street, bei der Fähranlegestelle,
wetteifern um den Rang des besten Hotels am Ort.
Zur mittleren Preiskategorie
zählen das **A-Line Hotel** über
der Queenstown Bay, 27 Stanley
Street, ☎ 442 7700, und das
Lakeland Hotel, Lake Esplanade, ☎ 447 7600, mit herrlichen
Ausblicken. **Mountain View
Lodge**, 1 km vom Ortskern entfernt in der Frankton Road,
☎ 442 8246, **Blue Peaks
Lodge**, Stanley/Sydney Street,
☎ 442 9224, **Ambassador Motel**, 2 Mann Street, ☎ 442 8593,
und **Sherwood Manor Motor
Inn**, Goldfield Heights, Frankton
Road, ☎ 442 8032, bieten Hotel-
wie auch Motelzimmer an. Cam-
pingfreunde finden im **Queenstown Motor Park** in der Mann
Street, ☎ 442 7252, eine günstig
gelegene Anlage mit gutem
Standard.

Restaurants

Die meisten Hotels betreiben
auch eigene Restaurants, es
gibt aber eine ganze Reihe in-

teressanter Alternativen. So z. B. das für seine neuseeländische Küche berühmte **Packers Arms Restaurant** außerhalb der Stadt in Arthur's Point oder **The Cow**, Cow Lane, im Ort, das die besten Pizzas machen soll. Eine gute Auswahl an verschiedenen Menüs erwartet Hungrige in der Food Hall des O'Connells Pavilion, während auf dem **Bobs Peak**, zu dem die Kabinenseilbahn hinaufführt, die Aussicht im Preis des Dinners inbegriffen ist. Zu Pianoklängen essen kann man während der Lunch- oder Dinner-Fahrten auf der **TSS Earnslaw**; die *carvery* auf dem Schiff ist ein Schlaraffenland für Nichtvegetarier – so viel Braten wie man nur essen kann.

Nachtleben
Queenstowns Nachtleben hängt von der Jahreszeit ab – im Winter bleibt man lieber gemütlich im Hotel beim Après-Ski während man in lauen Sommernächten, wenn es aufgrund der Sommerzeit erst gegen 22 Uhr zu dämmern anfängt, lieber draußen sitzt. In **Eichardt's Tavern** am Seeufer geht es zu jeder Jahreszeit lustig zu. Disko-Freaks begeben sich gleich einen Stock höher. Wem zu später Stunde nach einer Piano-Bar ohne die hier oft übliche Kleiderordnung ist, sollte **The Dolphin Club** in der Shotover Street aufsuchen.

Shopping
Die Hauptstraße des Einkaufsviertels im Zentrum ist Fußgängerzone. Der Ort ist vom allgemeinen Ladenschlußgesetz ausgenommen, so daß viele Geschäfte im Sommer bis spät abends geöffnet sind, wobei

manche zur Abendessenszeit eine Stunde schließen. Zu kaufen gibt es kunstgewerbliche Gegenstände wie z. B. Jadeschmuck und Maori-Holzschnitzereien; die bunte Palette neuseeländischer Souvenirartikel umfaßt auch Schaffelle, Wolle, Leder- und Wildlederwaren.

Information
Intercity Travel Ltd, Ecke Shotover/Camp Street, ☎ (03) 442 8238, Fax 442 8907. In der Nähe des Fährhafens liegt das Mount Cook Travel Office.

STEWART ISLAND
Neuseelands dritte Hauptinsel ist klein (172 km²) aber fein. Sie liegt gegenüber von Bluff, dem Südzipfel der South Island, von der sie die Foveaux Strait trennt. Die Insel ist dicht bewaldet, hier fallen die meisten Niederschläge; der höchste Berg, Mount Anglem, reicht bis auf 980 m. Für Naturfreunde ist Stewart Island ein wahres Paradies; hier kann man die *aurora australis*, das Südlicht, erleben oder auf einer Bootstour Pinguine und Delphine beobachten. Die Ortschaft **Oban** (340 Einwohner) in der Halfmoon Bay ist die einzige Siedlung der Insel. Sie besitzt einen Hafen sowie einen kleinen Fluglandeplatz. Straßen gibt es nur wenige, die meisten sind zudem nicht asphaltiert. Auch bei Unterkünften herrscht nur ein begrenztes Angebot. An der Halfmoon Bay bietet das **South Sea Hotel**, ☎ 219 1059, 17 Zimmer, die **Stewart Island Lodge**, ☎ 219 1085, 4 Zimmer. Etwas außerhalb von Oban liegt das **Rakiura Motel**, ☎ 219 1096. Siehe auch **Natur**, S. 97.

Information

Stewart Island Visitor Centre,
Main Road, Half Moon Bay,
☎ (03) 219 1218, Fax 219 1555.

◆

TIMARU

199 km nördlich von Dunedin
1837 wurde in der Nähe des
heutigen Ortes an der Ostküste
eine Walfangstation eingerich-
tet. 1857 begann man mit der
Anlage der Stadt, und 1859 kamen die ersten Siedler. 1868
zerstörte ein Feuer fast die gesamte Stadt. Ein bekannter
Sohn Timarus war der Flieger
Richard Pearse, der 1903 vermutlich noch vor den Gebrü-
dern Wright den ersten Motor-
flug unternahm.
Caroline Bay, gleich nördlich
des Hafens, bietet einen Sandstrand mit Minigolfanlage, Ten-
nisplätzen und sonstigen Frei-
zeiteinrichtungen. Hier findet
übrigens ein recht ungewöhnli-
ches Weihnachts- und Neu-
jahrsfest statt, das mit seinen
Wettkämpfen wie Eierlaufen und
Sackhüpfen, Feuerwerken und,
als großem Finale, dem Silve-
ster-Freudenfeuer, Besucher
aus dem ganzen Land anlockt.
In den weitläufigen **Botanical
Gardens** zwischen Queen und
King Street, südlich des Einkaufsviertels, kann man zwischen wildwachsenden Pflanzen
und Farnen spazierengehen
und die Gewächshäuser begut-
achten. Das **Pioneer Hall Museum** in der Perth Street beherbergt eine Sammlung von Reli-
ten aus der Pionierzeit, Maori-
Artefakten und historische Foto-
graphien über die Entstehung
des Hafens. (☾ täglich außer
Sa und Mo 13.30–16.30 Uhr.)
Die **Aigantighe Art Gallery**,
Waiiti Road, zeigt eine Samm-

lung lokaler Kunstwerke, gelegentlich sind auch Wanderaus-
stellungen zu sehen.
☾ Sa/So 14–16.30 Uhr.

Unterkunft und Restaurants

Nahe beim Zentrum, in Cavis
Terrace, liegt das **Grosvenor
Hotel**. Etwas außerhalb bietet
das **Ambassador Motel**,
4–6 Hobbs Street, ☎ 688 8089,
Hotel- und Motelunterkunft. Das
Sea Breeze Motel, 364 Staf-
ford Street, ☎ 684 3119, liegt
oberhalb der Caroline Bay.
Für Camper ist im **Selwyn
Holiday Park**, 8 Glen Street,
☎ 684 7690, am nördlichen
Stadtrand, vorgesorgt. Dort gibt
es auch einfache Bungalows
und *Cabins*.
Wer Hunger hat, findet **Cobb &
Co** im Hibernian Hotel; zu emp-
fehlen ist auch das **Richard
Pearse Restaurant** in The Tavern, Le Cren Street.

Information

South Canterbury & Timaru Information Centre, 14 George
Street, ☎ (03) 688 6163, Fax
688 6162.

 ◆◆

WANAKA

*276 km nordwestlich von
Dunedin*
Das beliebte Urlaubsziel am
Lake Wanaka hat das Flair eines typischen neuseeländischen Ferienorts, dessen Beschaulich-
keit in völligem Kontrast zum
lebhaften, kosmopolitischen
Queenstown steht. Lake Wanaka zählt zu den größten Seen
der South Island und liegt malerisch inmitten der Berglandschaft. Hier und am benachbarten Lake Hawea gibt es sehr
gute Angelmöglichkeiten. Aber
auch Wassersportler kommen

Mount Aspiring in den Südalpen

hier voll auf ihre Kosten. Im Winter kann man in den nahegelegenen Skigebieten **Cardrona** und **Treble Cone** skifahren, wobei Treble Cone nur Geübten zu empfehlen ist. Von dem **War Memorial Lookout** oberhalb des Orts (Chalmers Street) bietet sich eine herrliche Aussicht über Wanaka und den See. Das Labyrinth **Greatest Maze on Earth**, der erste dreidimensionale Irrgarten der Welt, etwa 2 km außerhalb der Stadt, ist eine vielbesuchte Touristenattraktion. Weiter geht das Verwirrspiel im **Puzzle Centre** gleich nebenan, wo man Puzzles anschauen und kaufen kann. Im Herbst ist die malerische Landschaft um **Glendhu Bay**, etwa 11 km westlich von Wanaka, besonders schön. Der **Mount Aspiring National Park**, nordöstlich von Wanaka, ist ein weitgehend naturbelassenes Gebiet der Südalpen, in dessen Mitte sich der 3027 m hohe Mount Aspiring erhebt. Die nur schwer zugängliche Wildnis ist ein Paradies für ambitionierte Wanderer und Bergsteiger. Die Straße durch das Matukituki Valley bezaubert mit herrlichen Ausblicken; nach etwa 40 km wird die Fahrbahn allerdings sehr schlecht. Siehe auch **Natur**, Seite 96.

Unterkunft und Restaurants
Das **Wanaka Motel** in der Helwick Street im Stadtzentrum, ☎ 443 7545, zählt zur gehobenen Hotelkategorie. Das **Wanaka Motor Inn** liegt an der Mount Aspiring Road, ☎ 443 8216. Wem ein Motel lieber ist, sollte es in der **Fairway Lodge**, Highway 89, ☎ 443 7285, oder im **Bay View Motel**, Glendhu Bay Road, ☎ 443 7766, versuchen. Für Camper empfiehlt sich der **Pleasant Lodge Holiday Park**, Mount Aspiring Road, ☎ 443 7360. Zum Essen empfiehlt sich **Capriccio Trattoria** im Einkaufszentrum oder **Rafters** an der Mount Aspiring Road.

Information
Wanaka Visitor Information Centre, Ardmore Street, ☎ (03) 443 1233, Fax 443 7660

NATUR

Landschaft, Tier- und Pflanzenwelt in Neuseeland

von Paul Sterry

Neuseeland ist mit einer außergewöhnlich vielfältigen und reizvollen Natur gesegnet; nur wenige Länder können sich einer so abwechslungsreichen Landschaft auf einem vergleichsweise so kleinen Areal rühmen. Obwohl kaum größer als Großbritannien wartet Neuseeland mit allen Naturfacetten auf – von alpiner Bergwelt über subtropische Wälder bis hin zu Küstenfjorden, Farngestrüpp, Grasland, Flüssen und Sumpfgebieten. Diese unglaubliche Vielfalt spiegelt sich auch in der Fauna und Flora wider. Abgesehen von einigen eingeführten Spezies ist der Großteil der Tiere und Pflanzen einzigartig und kommt nur hier vor. So gibt es etwa keine einheimischen Landsäugetiere – Neuseeland wurde von den großen Landmassen abgetrennt, noch bevor Säugetiere es erreichten, infolgedessen sind einige Vögel flugunfähig, da ihre Evolution zu einer Zeit stattfand, in der es keine Raubtiere gab.

Farmtätigkeit und Abholzung wirkten sich verheerend auf die natürliche Flora aus: War das Land vor der Besiedelung noch schätzungsweise zu 80% mit Wald bedeckt, beträgt der Anteil heute weniger als 25%. Doch zum Glück wurden einige der schönsten noch erhaltenen Gebiete in 12 Nationalparks und zahlreichen Waldreservaten unter Schutz gestellt. In diesen wunderschönen Naturlandschaften leben einige der seltensten wie auch seltsamsten Lebewesen der Erde.

Auckland und Umgebung

In der Stadt selbst gibt das Tahuna Torea Nature Reserve eine anschauliche Einführung in Neuseelands Vogel- und Pflanzenwelt. Es liegt auf dem Glendowie Spit am Tamaki River. In Parks und Gärten tummeln sich Amseln, Singdrosseln, Grün- und Distelfinken, Stare und natürlich der unvermeidliche Haussspatz. Am ergiebigsten sind der New Zealand Heritage Park nahe dem Ellerslie-Panmure Highway in der Harrison Road, die Wintergärten im Auckland City Centre und der Coast-to-Coast Walkway, der am Ferry Building beginnt.

Ebenso zur Vogelbeobachtung eignen sich zwei Küstengebiete – eine Meeresbucht und ein Wattgebiet – in der Nähe Aucklands. Der Firth of Thames, am besten von der Kleinstadt Miranda aus zu erreichen, liegt im Osten und grenzt an die Coromandel-Halbinsel, deren rauhe Landschaft und einheimische Wälder nicht minder einen

Der waldumsäumte Lake Tarawera

Streifzug lohnen (siehe Seite 34). Manukau Harbour, der sich von der Südseite am schönsten zeigt, liegt im Süden von Auckland. Man sollte sich den Gezeitenstand merken, um an beiden Orten möglichst viel zu sehen; bei Ebbe sind die Vögel meist weit draußen und picken sich ihre Nahrung aus dem Schlamm, während sie mit steigender Flut immer näher ans Ufer gedrängt werden. Gut zu beobachten sind Schiefschnäbel, elegante Stelzvögel, deren untere Schnabelhälfte nach rechts gebogen ist. Schiefschnäbel kommen ausschließlich in Neuseeland vor; sie brüten auf Kiesbänken in Binnenflüssen. Ausgezeichnete Vogelbeobachtungsplätze findet man auch weiter nördlich von Auckland in Northland. Whangareis Hafen ist z. B. die Heimat der in Neuseeland brütenden Regenpfeifer sowie einer Vielzahl verschiedener Stelzvogelarten. Im Waitangi State Forest kann man mit etwas Glück Kiwis sehen. Der flugunfähige, in manchen Gebieten bereits vom Aussterben bedrohte Vogel ist Neuseelands Wappentier. Das Waipoua Forest Sanctuary im Northland State Forest Park birgt die letzten Exemplare der einst ausgedehnten Kauri-Wälder, die ursprünglich die ganze Region bedeckten. Diese Koniferen sind äußerst langlebig, manche werden über 1500 Jahre alt!

Little Barrier Island

Der Einfluß des Menschen hat leider auch nicht vor den vorgelagerten Inseln Halt gemacht. Katzen und Ratten dezimierten die Seevögel, und die Weidewirtschaft hat bereits einen Großteil der Vegetation zerstört. Little Barrier Island konnte jedoch seinen Waldbestand und seine unberührte Wildnis nahezu ganz bewahren.

Hihi (Notiomystis cincta)

Der Hihi gehört zur Familie der Honigfresser. Wie der Name andeutet, ernähren sich diese Vögel von Blütennektar, den sie sich mittels ihrer bürstenähnlichen Zunge herausholen. Daneben sind Insekten und Früchte Leckerbissen. Der Hihi wird ca. 20 cm lang und ähnelt mit seinem auffallenden weißen Flügelring dem Waldsänger. Die Männchen erkennt man an ihrem schwarzen Schopf und dem weißen Strich hinter dem Auge. Einst fast über die ganze Nordinsel und einige vorgelagerte Inseln verstreut, lebt der Hihi heute nur noch in den Wäldern der Little Barrier Island, wo er allerdings recht häufig vorkommt.

Hier ist der einzige Ort der Welt, wo man noch Hihis in freier Natur beobachten kann. Daneben gibt es noch viele andere interessante Vogelarten sowie Riesenregenwürmer, die bis zu 1 m lang werden, und Tuataras. Letzterer ist ein außergewöhnliches Reptil; einziger, direkter Nachkomme der Brückenechsen, einer Ordnung aus der Zeit der Dinosaurier. Bis vor kurzem war nur wenig über dieses seltsame, eidechsenähnliche Tier bekannt; das lag zum Teil daran, daß diese Tiere weitgehend nachtaktiv sind und tagsüber meist in ihren Höhlen bleiben. Gelegentlich aber erhascht man doch auch untertags einen Blick in ihre, wenn sie sich vor ihrem Erdloch in der Sonne wärmen. Little Barrier Island

Der Tuatara

zählt zu den wenigen Inseln, auf denen diese Tiere noch vorkommen.

Für die Insel benötigt man eine Besuchsgenehmigung vom Hauraki Gulf Maritime Park Board, Department of Conservation, Auckland. Nähere Auskünfte über Bootsausflüge zu den Inseln im Hauraki Gulf Maritime Park erteilt das Cruise Centre auf der Rückseite des Ferry Building in Auckland.

Rotorua
Besucher erwartet in Rotorua eine überaus artenreiche Tier und Pflanzenwelt in einer außergewöhnlichen Umgebung. Rotorua liegt mitten in einem aktiven Thermalgebiet, wovon die Geysire und der penetrante Schwefelgeruch zeugen. Hier erhält man eine Vorstellung von den einst ausgedehnten endemischen Wäldern, und an den Seen und Sumpfgebieten sind zahlreiche Vögel zu sehen. Am Lake Rotorua gibt es zahlreiche Vogelbeobachtungsplätze. Gleiches gilt für den Blue und Green Lake sowie für den Lake Rotomahana. In der dichten Sumpfvegetation ergattert man vielleicht einen Blick auf den scheuen Farnsteiger, dessen Verhaltensweise eher an eine Maus als an einen Vogel erinnert.

Südöstlich von Rotorua erstreckt sich der **Whakarewarewa State Forest Park,** der bis an die Waimangu Road heranreicht. Die Bäume sind größtenteils eingeführte Spezies. Acht gut ausgeschilderte Wanderwege durchziehen das Waldgebiet. Das Park Information Centre finden Sie an der Long Mile Road.

Nördlich von Rotorua, Richtung Bay of Plenty, liegt der Rotoehu State Forest mit Restbeständen des ursprünglichen Waldes.

Tongariro National Park
Der südlich von Lake Taupo im Zentrum der Nordinsel gelegene Tongariro National Park war Neuseelands erster Nationalpark. Der Highway 1 verläuft entlang der Ostseite des Parks; ein Visitor Centre befindet sich am Highway 47. Von Ohakune gibt es ebenfalls eine Zufahrt zum Park. Der Park, mit den drei aktiven Vulkanen – Mt. Ruapehu, Mt. Tongariro und Mt. Ngauruhoe, ist ein beliebtes Skigebiet, das trotz der damit verbundenen Unruhe und Infrastrukturentwicklung eine enorm vielfältige Fauna und Flora aufweist.

Urewera National Park
Urewera National Park liegt zwischen Rotorua und Gisborne. Hier wie auch im angrenzenden Whirinaki Forest Park sind einige der besterhaltenen ursprünglichen Regenwaldbestände der Nordinsel zu finden. Die Landschaft ist grandios und das Tier

und Pflanzenleben im Wald und am Lake Waikaremoana für den Naturliebhaber ein Dorado. Im Visitor Centre (Aniwaniwa, am Highway 38) erhält man auch Broschüren und Informationen über die Wanderpfade. Außerdem gibt es einen interessanten Ausstellungsraum.

Cape Kidnappers Gannet Colony

Diese Festlandkolonie australischer Baßtölpel liegt auf Cape Kidnappers, am Südzipfel der Hawke Bay an der Ostküste der Nordinsel. Da keine Straße zum Kap führt, muß man entweder von Clifton aus 8 km am Strand entlangwandern, oder an einer organisierten Tour teilnehmen. August und Januar nisten die Vögel hier; im Oktober oder November legen sie jeweils ein Ei. Besucher können sehr nah an die Vögel herangehen, wodurch ausgezeichnete Tieraufnahmen möglich sind.

Die Vögel des Tongariro National Park

Im Busch tummeln sich Grenadiere, Maorifalken, Streifenkiwis, Sittiche, Mantelbrillenvögel und Maorischnäpper. Im Pureora Forest Park, nördlich des Nationalparks, lebt in den Wäldern der vom Aussterben bedrohte Kokako – eine Art Lappenvogel. An den Ufern des Lake Taupo verstecken sich Farnsteiger und Sumpfrallen in der Ufervegetation, und mit etwas Glück sichtet man australische Rohrdommeln, Spornkiebitze und Pukekos, die nach Nahrung suchen. Zu den Schwimmvögeln zählen der neuseeländische Zwergtaucher, Schwarzschwäne, Maorienten und Augenbrauenenten.

Kowhai-Bäume am Lake Taupo

Taranaki National Park

Der Nationalpark liegt an der Westküste der Nordinsel, in der Nähe von Cape Egmont. Das seit 1900 geschützte Gebiet wird vom erloschenen Vulkan Mount Egmont beherrscht, dessen bewaldete Hänge Lebensraum für zahlreiche Vogelarten bieten. Das North Egmont Visitor Centre erreicht man über die Egmont Road von Egmont Village aus. Im Park kann man an geführten Wanderungen teilnehmen oder Naturlehrpfaden folgen.
Das Dawson Falls Display Centre ist von Kaponga oder von Stratford aus zu erreichen. Den Wanderfreund erwarten unterschiedlichste Tracks. Weiter südlich, Richtung Wellington, liegt Wanganui. In der Umgebung der Stadt tummelt sich eine Vielfalt von Wat– und anderen wasserliebenden Vögeln.

Wellington und Umgebung

Trotz der Tatsache, daß Wellington ständig wächst, was sich normalerweise nicht mit einem ungestörten Tier- und Pflanzenleben verträgt, kommen

Naturfreunde hier immer noch voll auf ihre Kosten. Küsten und Häfen sind stets mit Strandvögeln bevölkert, und Kapiti Island ist Brutstätte zahlreicher Seevögel.

In den Parkanlagen und Gärten der Stadt sammeln sich Stare, Hausspatzen, Amseln und Buchfinken, die einst von den europäischen Siedlern mitgebracht wurden. In den ländlicheren Gebieten am Stadtrand sieht man wieder eher einheimische Vögel. In Beerensträuchern picken z. B. Maorifruchttauben nach Nahrung. Sehenswert sind auch die Botanical Gardens (Haupteingang Glenmore Street) sowie Mount Victoria, von dem Waldwege wieder zurück zur Stadt führen. Sind Sie besonders an Küsten- und im Busch lebenden Vögeln interessiert, sollten Sie sich Kapiti Island vornehmen. Fahren Sie auf dem Highway 1 nach Paraparaumu; dort erhalten Sie eine (gebührenfreie) Besuchsgenehmigung vom Department of Conservation, Wellington District Office. Die Insel ist Lebensraum zahlreicher einheimischer Spezies wie etwa des Zwergkiwis, verschiedener Sitticharten und

Zwergpinguine

Vögel, die an der Küste leben wie Möwen und Zwergpinguine. Seevögel lassen sich besonders gut auf der dreieinhalbstündigen Überfahrt durch die Cook Strait von Wellington (North Island) nach Picton (South Island) beobachten; je nach Jahreszeit und Witterung schwirren unterschiedliche Arten herum. Zu den Stammgästen zählen Möwen, Seeschwalben und australische Baßtölpel, ab und zu mischen sich auch seltenere Artgenossen darunter. Für den leidenschaftlichen Vogelbeobachter mag eine Überfahrt nicht ausreichen, um alle gefiederten Gesellen richtig wahrzunehmen. Dann muß man eben mehrmals hin und her pendeln.

Nelson

An fast jedem Küstenstreifen um Nelson kann man Stelzvögel, Reiher und Möwen beobachten, doch am ergiebigsten ist sicher der langgezogene Farewell Spit am nördlichen Ende der Golden Bay. Am Strand werden Seegras, Muscheln, Quallen (nicht berühren!) und Treibholz angeschwemmt. Vom südlichen Ende der Golden Bay (Separation Point) gelangt man zum **Abel Tasman National Park.** Das 1942 zum Nationalpark erklärte Gebiet bietet dichten Busch und schöne Buchten mit feinen Sandstränden. Am Separation Point kann man im Herbst und Winter eine Seehundkolonie beobachten. Früher lebten hier Moas und die sehr seltenen Tuataras und Takahes. Noch zu finden sind u. a. Kakas (Papageiart) und der flugunfähige Weka. Die Parkverwaltung ist in Takaka an der Commercial Street zu finden. Entlang der Küstenstraße, die von Takaka

wegführt, gibt es viele Möglichkeiten, das Auto stehen zu lassen und kleinere Wanderungen
zu unternehmen.
Weiter im Südosten liegt der
großartige **Nelson Lakes National Park**. Die bewaldeten
Hänge bergen einen großen Artenreichtum. In den alpinen Regionen lebt der neugierige Berg-
papagei Kea, während an einsamen Flüssen und am Blue
Lake die scheue Saumschnabelente zu finden ist.

Christchurch und Umgebung

In und um Christchurch leben
zahlreiche eingeführte Vogelarten. Heimische Arten sind eher
im weiteren Umland zu finden,
wo es Überbleibsel endemischer
Buschvegetation und artenreiche Marschlandschaften gibt.
An der Küste brüten viele Seevögel. In der Stadt lohnt ein Besuch des Botanischen Gartens
sowie des South Hagley und
des North Hagley Park (alle drei
liegen nahe am Avon River). Der
Highway 74 führt weiter südöstlich zur Banks Peninsula.

Dunedin und Umgebung

Im Süden der South Island bestehen gute Möglichkeiten,
stattliche Seevögelkolonien zu
beobachten. Ein Höhepunkt des
Dunedin-Aufenthalts ist ein Besuch der Königsalbatrosse, die
sich am Taiaroa Head auf der
Otago-Halbinsel niedergelassen
haben. Die Vögel leben hier ab
Mitte Februar bis Mitte September. Die Kolonie ist eingezäunt;
strenge Kontrollen sorgen dafür,
daß die Tiere ungestört bleiben.
Anmeldungen nimmt das Government Tourist Bureau, Princes
Street, Dunedin, entgegen.
So majestätisch diese gewaltigen Vögel in der Luft wirken, so

Königsalbatross

unbeholfen und plump bewegen
sie sich an Land fort. Auf den
Klippen leben außerdem See-
hunde sowie Seelöwen. Auch eine Kormoranart (Stictocarbo
punctatus) und eine Gelbau-
genpinguin-Kolonie hat sich
Taiaroa Head zum Lebensraum
auserkoren.

Arthur's Pass National Park

Der Highway 73, der Christchurch mit Greymouth verbindet, überquert die Südalpen in
nordwestlicher Richtung bei Arthur's Pass. Im gleichnamigen
Ort, Zentrum des Arthur's Pass
National Park, empfängt Sie eine grandiose Hochgebirgsland-
schaft mit vielen Gipfeln über
1500 m. Zahlreiche Wanderwege
laden zu interessanten Exkur-
sionen ein. Im Ort gibt es auch
ein Park Visitor Centre.

Der scheue Kiwi zeigt sich in freier Natur nur selten

Westland National Park und Mount Cook National Park

Diese beiden aneinandergrenzenden Nationalparks liegen an der Hauptwasserscheide der Südalpen im Westen der South Island. Das Gebiet wurde wegen seiner einmaligen Schönheit zur World Heritage Area erklärt. Hier ragen auch die höchsten Berge Neuseelands empor: Mount Cook (3764 m) und Mount Tasman (3497 m). Daneben gibt es noch etliche weitere Dreitausender.

Wer die Gegend um Mount Cook erkunden möchte, quartiert sich am besten im The Hermitage in Mount Cook ein. In der Umgebung des Ortes gibt es eine Fülle von Wildtieren. Zahlreiche Wasservögel leben am Lake Pukaki, und früher oder später wird sich der ebenso neugierige wie gefräßige Kea zu Ihnen gesellen.

Mitunter sieht man auch eingeführte Säugetiere wie Rotwild oder Gemsen; ihr Einfluß auf die heimische Vegetation wird inzwischen eher negativ bewertet.

Das Westland National Park Visitor Centre liegt in Franz Josef; dort erhalten Sie Auskünfte über Wanderwege und -routen. Die Mount Cook National Park Headquarters finden Sie in der Ortschaft Mount Cook.

Mount Aspiring National Park und Lake Wanaka

Mount Aspiring National Park, der zweitgrößte Nationalpark Neuseelands, liegt südwestlich von Mount Cook. Ihn überragt der 3027 m hohe Mount Aspiring. Der Park umfaßt alpine Vegetation, dichte Wälder und Seen. Das Gebiet läßt sich auf einfachen wie auch auf schwierigen Wegen erkunden. Informationen erteilt die Makarora Ranger Station am Highway 6.

Fiordland National Park

Der tief im Südwesten der Südinsel gelegene Nationalpark ist der größte in Neuseeland. Seine Landschaft ist hauptsächlich glazialen Ursprungs; mit seinen tiefen Fjorden und U-förmigen, vom Eis geschnittenen Tälern, tiefblauen Seen, tosenden Wasserfällen und hochaufragenden Gipfeln zählt er zu den spektakulären Höhepunkten einer Neuseelandreise.

Hier lebt auch eine bunte, artenreiche Tierwelt, angefangen von Busch- und Wasservögeln bis hin zu beeindruckenden Wassersäugern und Seevögeln. Te Anau, am Ufer des gleichnamigen Sees, ist ein guter Ausgangspunkt für Wanderungen im Nationalpark, zumal sich hier die Park Headquarters befinden. Im Bird Reserve haben einige der bedrohten Vogelarten

Kea (Nestor notabilis)

Der Kea ist ein Vertreter der neuseeländischen Papageien und lebt ausschließlich in den Bergregionen der Südinsel. Er ist grünbraun gefiedert, Flügel und Schwanz schimmern bläulich, und sein Unterflügel leuchtet hellrot. Der obere Teil des Schnabels ist lang und nach unten gebogen. Der Kea ernährt sich hauptsächlich von Früchten und Insekten, schreckt aber auch vor Aas nicht zurück; wohl zu Unrecht wird ihm nachgesagt, daß er auch über Schafe herfalle. Er nistet in Erdhöhlen oder hohlen Baumstämmen weit oben in den Bergen an der Baumgrenze. Um ihn zu Gesicht zu bekommen, bedarf es keines außergewöhnlichen Geschicks; er meldet sich schon von selbst: Neugierig und gefräßig wie er ist, wird er sicherlich glauben, Sie kämen, um ihn zu füttern und zu unterhalten.

Neuseeländische Saumschnabelente

Stewart Island

Das Naturparadies Stewart Island ist vom Festland durch die 30 km breite Foveaux Strait getrennt. An der Küste und draußen auf dem Meer kann man viele verschiedene Vogelarten beobachten, und die Buschvegetation hat ihren ursprünglichen Charakter weitgehend bewahrt.

Die Bootsüberfahrt über die Foveaux Strait ist für alle, die sich für Vögel interessieren, ein absolutes *must*. Während der interessanten, rund zweistündigen Schiffsfahrt (der Katamaran ist um die Hälfte schneller und daher für Vogelkundler nicht so geeignet) kann man einen bunten Reigen von Seevogelarten genauer betrachten. Besonders Albatrosse bekommt man hier zu Gesicht. Am häufigsten aber zeigen sich Königs-, Bullers-, Wanderalbatros und Scheuer-Albatros, Dunkelsturmtaucher, aber auch verschiedene Sturmvogelarten wie beispielsweise

Neuseelands eine Zuflucht gefunden.

Die Küste des Fiordland National Park ist die Heimat zahlreicher Seevögel und Meeressäuger. **Milford Sound** eignet sich hervorragend als Stützpunkt für Bootsausflüge entlang der Küste, bei denen Sie mit Sicherheit zahlreiche Vögel zu sehen bekommen. Felsenpinguine sichten Sie vielleicht ganz nah an der Küste; Delphine, Robben oder Pottwale allerdings sind nur viel weiter draußen zu beobachten.

Nur dank dem noch intakten Meeresökosystem und der fehlenden Umweltverschmutzung kann sich in diesen Gewässern eine derartige Vielfalt an Meeressäugern und Seevögeln halten.

der Riesensturmvogel und gelegentlich sogar Pinguine.

Eingeführte Spezies

Lange Zeit war Neuseeland aufgrund seiner isolierten Lage für die meisten Tierarten unerreichbar. Aber mit der Ankunft der europäischen Siedler kam auch eine ganze Reihe für die Inseln „exotischer" Tierarten hierher. Die neuen Siedler führten zahlreiche Nutztiere ein, andere Tiere sollten die Erinnerung an die alte Heimat wachhalten. Einige, wie Mäuse und Ratten, reisten als ungewollte „blinde Passagiere" auf Schiffen herüber. So wird man in neuseeländischen Städten und Gärten zahlreiche Gemeinsamkeiten mit ähnlichen Arealen in Europa feststellen. Klee, Löwenzahn und Jakobskraut wachsen am Straßenrand. Kohlweißlinge flattern in Gemüsegärten umher, Hausmäuse huschen flink herum. In den Bäumen zwitschern Spatzen, Stare, Singdrosseln, Amseln, Buch-, Distel- und Grünfinken. Außerhalb der Wohngebiete erhascht man zuweilen einen Blick auf Feldlerchen, Goldammern und Steinkauze.

Wenngleich die Mehrzahl der eingeführten Spezies den Artenreichtum der neuseeländischen Tierwelt einfach nur ergänzt, gibt es doch einige, deren Dasein wahrlich keinen Segen für die einheimische Natur bedeutet. Katzen und Wiesel räubern gnadenlos unter den Vögeln, während äsendes Rotwild und Kaninchen bereits zu einer übermäßigen Abweidung führten.

Doch nicht alle dieser „Übersiedler" kamen mit dem Menschen. In den letzten Jahren verlegten australische Schwalben und Weißwangenreiher von sich aus ihr Domizil hierher; Spornkiebitze scheinen ebenfalls auf den Geschmack gekommen zu sein. Sogar Monarch-Falter siedelten sich im letzten Jahrhundert hier an.

Vom Aussterben bedrohte Spezies

Aufgrund der Tatsache, daß es in Neuseeland ursprünglich keine Landsäugetiere gab (die einzigen einheimischen Säuger sind zwei Fledermausarten), brauchten die Tiere, insbesondere die Vögel, keine Raubtiere zu fürchten, was ihre Evolution entsprechend beeinflußte.

Die Ankunft des Menschen veränderte das ökologische Gleichgewicht. Jagdpraktiken von Maori und Pakeha und die von ihnen eingeführten Tierarten, insbesondere Raubtiere, veränderten bzw. zerstörten die Lebensräume der heimischen Tierwelt, mit der Folge, daß manche Arten inzwischen völlig ausgerottet und einige der interessantesten Spezies Neuseelands vom Aussterben bedroht sind.

Zu den Arten, die als bereits ausgestorben galten, gehört der ungewöhnliche Takahe, ein flugunfähiges Wasserhuhn aus der Rallenfamilie und ferner Verwandter des Teichhuhns. Es wurde zunächst angenommen, der letzte Gattungsvertreter sei 1898 getötet worden, doch etwa 50 Jahre später entdeckte man eine ganze Takahe-Kolonie im Hochland nahe des Lake Te Anau, wo sie heute unter strengem Schutz steht. Touristen bekommen den Takahe leider nur im Bird Reserve von Te Anau zu Gesicht.

Kulinarisches

Waren die Restaurants der Kiwi früher ziemlich verschrieen, so hat sich der Ruf der neuseeländischen Küche in den letzten Jahren verbessert. Hausmannskost und typische Kiwi-Mahlzeiten sind zwar teilweise recht kalorienreich, aber auch hier geht der Trend hin zur gesünderen – z. B. vegetarischen – Kost. Inzwischen gibt es auch eine ganze Reihe internationaler Lokale mit griechischer, italienischer, indischer, chinesischer, mexikanischer und natürlich auch polynesischer Küche. Wenn Sie jedoch richtig neuseeländisch essen wollen, dann halten Sie nach dem Schild „Taste of New Zealand" Ausschau.

Gastronomie

Das neuseeländische Gastronomieangebot reicht von klassischen Restaurants mit Bedienung über „Smörgåsbord" (mehrgängige Mahlzeit zum Einheitspreis bei Selbstbedienung) bis hin zu Fast-food. Familien werden überall als erstes nach einer Filiale der Restaurantkette Cobb & Co Ausschau halten. Überall anzutreffen sind die internationalen Fast-food-Ketten McDonalds, Kentucky Fried Chicken und Pizza Hut. Der Renner ist allerdings immer noch Fish'n Chips; beliebt sind auch chinesische und sonstige asiatische Gerichte zum Mitnehmen. Viele Kneipen (*public bars*) bieten eine kleine Auswahl warmer Gerichte an. Lecker sind auch *pies*, heiße Fleischpastetchen zum Mitnehmen. In einem *hangi*, dem Maori-Wort für Erdofen, wird das Essen auf erhitzten Steinen im Erdofen, d. h. in einer tiefen Grube, zubereitet. Manche Hotels bieten ein solches Essen an, obwohl es nicht immer auf althergebrachte Art vorbereitet wird. Mit die besten *hangi* werden in Rotorua angeboten, wo die natürliche Erdwärme schon immer von den Maori zum Kochen genutzt wurde. Die Zutaten, meist Lamm- oder Schweinefleisch, Gemüse (oft Süßkartoffel) oder Meeresfrüchte werden traditionsgemäß zwischen Blätter (heute Kohlblätter) geschichtet, auf die zuvor mit Wasser abgeschreckten heißen Steine gelegt, mit Erde luftdicht zugedeckt und durch Dämpfen gargekocht.

Nur Restaurants mit Alkohol-Schanklizenz dürfen zu den Mahlzeiten Alkohol servieren. Viele Restaurants haben aber eine BYO (*bring your own*)-Lizenz, d. h. die Gäste können sich ihre alkoholischen Getränke selbst mitbringen, was natürlich viel preisgünstiger ist. Manchmal wird dann für Service und Benutzung der Gläser

Warten auf das hangi

KULINARISCHES

ein Korkengeld verlangt. Die meisten der im Reiseführer erwähnten Restaurants besitzen eine Alkohol-Schanklizenz.

Neuseeländische Speisekarte

Vorspeisen
Die Kiwis beginnen das Essen im Winter gerne mit einer Suppe, im Sommer mit einem Salat. Beides steht jedoch immer auf der Speisekarte. Fischsuppen sind besonders beliebt, vor allem wenn sie mit *toheroa* oder *tuatua* (beides einheimische Schalentiere) oder aus verschiedenen Meeresfrüchten zubereitet werden. Des weiteren gibt es *paté* und verschiedene Blätterteigpasteten sowie Meeresfrüchte in allen Variationen.

Fisch und Meeresfrüchte
Bei Fischen und Meeresfrüchten – als Vor- oder Hauptspeise – hat man die Qual der Wahl. Als Alternative zur Fischsuppe ist ein Meeresfrüchte-Cocktail sehr beliebt. Eine Muschel-Delikatesse, die Sie sich auf keinen Fall entgehen lassen dürfen, sind *Nelson scallops*. Bluff-Austern (Tiefseeaustern vom äußersten Süden der South Island), Whitebait (kleiner fingergroßer, meist in Butter herausgebackener oder panierter Fisch) von der Westküste, insbesondere aus der Gegend um Hokitika, geräucherter Lachs oder Aal sorgen für weitere Gaumenfreuden. Der beste Ort für Langusten ist Kaikoura, nördlich von Christchurch.
Folgende Fischarten sind häufig auf der Speisekarte zu finden: Snapper, Orange Roughy, Tarakihi, Hapuka, Flunder, John Dory und, besonders in südlichen Gegenden, Kabeljau.

Lachs wird im Süden gezüchtet, während Forellenangeln als beliebte Sportart gilt und deshalb nicht kommerziell betrieben wird. Wundern Sie sich also nicht, wenn Sie Forellen auf keiner Speisekarte finden. Bestimmte Meeresfrüchte sind außerdem saisonabhängig.

Fleisch
In einer Schafzuchtnation wie Neuseeland steht natürlich Lammbraten oder auch *hogget* – einjähriges Lamm, mit einer säuerlichen Minzsoße oder Minzgelee (nicht mit Pfefferminz zu verwechseln) serviert – am häufigsten auf dem Tisch. Daneben gibt es aber auch Rind, Geflügel und Schweinefleisch; Wild wird erst seit kurzem gezüchtet und deshalb auch erst in wenigen Restaurants zu bekommen.

Gemüse
Die Palette an frischen Gemüsen läßt keine Wünsche offen. Neben Kartoffeln, Erbsen, Tomaten, Bohnen und Kürbissen gibt es Kopfsalat, Kohl, Blumenkohl, Karotten, grünen Spargel und Lauch. Auf der South Island werden Pastinaken und schwedische (Steck)Rüben angebaut. Probieren Sie auch die sehr schmackhaften *kumara*, eine Süßkartoffelart.

Desserts
Als Dessert wird meist frisches Obst oder Eis angeboten. Sehr gut sind einheimische Kiwi, Pfirsiche, Birnen, Aprikosen, Erdbeeren und sonstige Beeren, Bananen und Ananas werden importiert. Das Eis hat einen natürlichen, sehr aromatischen Geschmack; *hokey-pokey* ist Vanilleeis mit Karamelstück-

chen. Auf der Dessertkarte stehen meist auch gefüllte Kuchen, Törtchen und Käsesahnekuchen, doch das nationale Dessert der Neuseeländer ist *pavlova* – ein flockig-leichtes Schaumgebäck mit einer dicken Schicht Sahne, dekoriert mit Erdbeeren oder Kiwi, manchmal auch Tamarillo (Baumtomate) oder Maracuja.

Käse
Neuseeland macht auch seinen eigenen, vorzüglichen Käse. Neben den gängigsten Cheddar-Käsesorten (mild oder würzig) finden Sie z. B. auch Brie, Camembert und Edelpilzkäse.

Getränke
Neuseeländer lieben ihr Bier, und der Pro-Kopf-Konsum ist ziemlich hoch. Kneipen und Gaststätten schließen schon um 22 oder 23 Uhr, sonntags sind sie ganz geschlossen.
Alkohol darf nicht an Jugendliche unter 20 ausgeschenkt werden, es sei denn sie sind bereits 18 Jahre und in Begleitung von Erwachsenen.
Es gibt verschiedene einheimische Faß- und Lagerbiersorten; die nicht allzu teuren neuseeländischen Weißweine brauchen den Vergleich mit den europäischen nicht zu scheuen. Der Chardonnay ist international anerkannt; ebenso munden Rheinriesling und Müller-Thurgau. Nach Meinung von Experten lassen die neuseeländischen Rotweine noch etwas zu wünschen übrig. Neuseeland brennt auch seinen eigenen Whisky, fast alle anderen Spirituosen sind jedoch Importware. Sherrys und Portweine sind ebenfalls heimische Produktionen.

Orange Roughy, eine Fischdelikatesse

Frischmilch und Sahne – grundsätzlich pasteurisiert und in der Regel auch homogenisiert – erhält man überall. Sehr lecker sind Milkshakes und Joghurt. Coca Cola und Pepsi, verschiedene Mineralwässer, Limonaden und Obstsäfte gibt es in jedem Laden. Leitungswasser kann man unbedenklich trinken.
Der Tee ist wie in England stark, der Kaffee wie in Amerika dünn. Auf eine vor- oder nachmittägliche Tee- oder Kaffeepause (oft „smoko" genannt) verzichtet kaum ein Neuseeländer.

Einige Hinweise:
Trinkgeld ist unüblich.
Prüfen Sie auf der Speisekarte, ob die 12,5% GST-Steuer im Preis enthalten oder noch aufzuschlagen ist (in der Regel ist sie bereits inklusive).
Wenn Neuseeländer von „Tea" sprechen, dann meinen sie entweder das Abendessen oder eine Tasse Tee. „Supper" ist ein Snack nach dem Abendessen. Das Frühstück ist nur selten im Hotelpreis enthalten.

Shopping

In allen Städten findet man gut
sortierte Kaufhäuser, Fachge-
schäfte, Boutiquen und Shopping Malls – große Einkaufszentren. Die meisten Geschäfte sind
sonntags geschlossen; nachdem das Ladenschlußgesetz
gelockert wurde, experimentie-
ren nun einige mit einem Ein-
kaufssonntag.
Lebensmittelläden und Super-
märkte haben manchmal zwei-
bis dreimal die Woche bis spät
abends geöffnet. In ganz Neuseeland finden Sie „Dairies",
kleine Nachbarschaftsläden, die
Milch, Brot, Eis, Süßigkeiten u. a.
verkaufen. Etliche Dairies treten
inzwischen auch als Mini-Super-
märkte mit der Bezeichnung
„Superette" auf. Sie sind täglich
– meist sehr lange – geöffnet.
In einigen Touristenzentren wie
Queenstown oder an internationalen Flughäfen kann man z. T.
ebenfalls länger einkaufen.

Shopping Mall in Parnell, Auckland

Einkaufstips

Schaffelle
Als Teppichvorleger, Jacken,
Sitzbezüge oder Wandbehang
sind Schaffelle ein beliebtes
Souvenir. Bei 65 Millionen Scha-
fen sind Angebot, Qualität und
Preise entsprechend attraktiv.

Bekleidung
ist in der Regel nicht unbedingt
preisgünstig, jedoch meist aus
hochwertigem Material. Gute
Qualität bei erschwinglichen
Preisen finden Sie bei Leder-
und Wildlederartikeln von in
Neuseeland gezüchtetem Rotwild. Ein weiterer Tip ist Hand-
gestricktes mit teilweise moder-
nem Design. Sehen Sie sich
auch nach Sportswear, insbesondere der in Neuseeland für
ihre bunten Rugby-T-Shirts berühmten Marke „Canterbury",
um. Sportschuhe hingegen sind
teuer. Auf dem Land tragen die
Kiwi gerne dicke robuste Woll-
filzhemden, genannt „Swanni" –
auch ein nützliches Souvenir.

Kunstgewerbe
Führende Kunsthandwerkszen-
tren finden Sie in Auckland, Rotorua und Nelson. Ein sehr beliebtes Mitbringsel sind traditio-
nelle Maori-Schnitzarbeiten. Einheimisches Holz wird zu kunstvollen Ziergegenständen, aber
auch zu Salatschüsseln oder
anderen nützlichen Artikeln verarbeitet. Greenstone, neuseeländische Jade, wird zu Schmuck
oder Accessoires verarbeitet.
Hokitika ist das Zentrum für Ja-
de-Arbeiten, Sie bekommen diese aber überall. Mit der glitzern-
den Paua-Muschel (Abalone)
werden Schmuckstücke oder
beispielsweise Teelöffel verziert.
Billigere Maori-Andenken wie

der *tiki,* ein Glücksbringer, werden in Massen produziert, man findet jedoch auch hochwertige.

Sonstige Souvenirs
Schlafsäcke, Zelte und Rucksäcke sind gut und relativ preiswert. Die Marken Fairydown und Macpac sind besonders zu empfehlen. Wein und Käse eignen sich ebenfalls gut als Mitbringsel. In spezieller Verpackung angeboten werden Bluff-Austern oder Wildbret sowie Honig und Marmelade. Ansonsten gibt es Parfums mit dem Duft einheimischer Blüten oder auch Schallplatten und Musikkassetten mit traditionellen Maori-Gesängen.

Duty free
An den Flughäfen sowie in manchen Städten gibt es Duty-free-Läden, in denen ausländische Touristen Spirituosen, Tabak und sonstige Produkte zollfrei erstehen können.
Auckland Airport besitzt auch für Einreisende einen Duty free Shop, in dem hauptsächlich Spirituosen und Tabakwaren verkauft werden. Der Einkauf unterliegt den gesetzlichen Einreisebestimmungen (siehe **Zollbestimmungen**, Seite 119).

Unterkunft

Neuseeland bietet viele Unterkunftsmöglichkeiten mit gutem Standard. Sie haben die Wahl zwischen Luxushotels in den Großstädten und Urlaubsorten, bescheideneren Hotels, Motels, Pensionen, Farmen und Privatunterkünften. Nächtigen kann man sogar in einem Maori-Versammlungshaus. Daneben gibt es zahlreiche Jugendherbergen und sehr gut ausgestattete Campingplätze. In den Nationalparks gibt es einfache Hütten, die mit Stockbetten und Kochgelegenheit ausgerüstet sind. Praktisch überall findet man gute und saubere, wenngleich nicht immer billige Unterkunft. Beim neuseeländischen Fremdenverkehrsamt in Frankfurt ist der „Where to stay guide" erhältlich. Neben der Auflistung fast aller Unterkunftsmöglichkeiten beinhaltet er Preise und Auskünfte über Serviceeinrichtungen.

Hotels
Für die Hotels in Neuseeland gibt es lediglich eine inoffizielle Klassifizierung in einigen Veröffentlichungen des Tourist and Publicity Department. In größeren Städten und in Urlaubsorten sind internationale Hotelketten wie Regent, Sheraton, Holiday Inn und Hyatt vertreten.
Die Hotelpreise beginnen bei etwa 150 NZ$ pro Doppelzimmer, in den Großstädten und Touristengegenden liegen sie höher. In ganz Neuseeland finden Sie Motor Inns – nicht zu verwechseln mit Motels. Motor Inns sind in der Regel relativ moderne Appartments mit Bad; in einem Zentralgebäude befinden sich Rezeption, Restaurant und Hausbar. Parken (kostenlos) ist gewöhnlich kein Problem; die Preise liegen zwischen 100 und 150 NZ$. Auf dem Land findet man oft einfache, preiswerte Unterkunftsmöglichkeiten in *Pubs* oder *Taverns* (Vorsicht: Der Begriff „Hotel" wird meist wie im Deutschen verwendet, kann aber auch lediglich auf eine Alkohol-Schanklizenz eines Lokals hinweisen, ohne daß das Haus Gästezimmer hat!). In den

Hotelpreisen sind normalerweise keine Mahlzeiten, auch kein Frühstück, enthalten. Es gibt allerdings ein paar exklusive Lodges mit Vollpension.

Motels
Die relativ preiswerten neuseeländischen Motels zählen zu den beliebtesten Unterkunftsmöglichkeiten. Sie bestehen aus Apartments mit Kochmöglichkeit, Geschirr und Besteck, Eßecke, kleinem Wohnzimmer mit TV sowie in der Regel einem getrennten Schlafzimmer. Kleinere Motels bieten vielleicht nur vier bis fünf Apartments an, die meisten jedoch besitzen bis zu 30 oder noch mehr Wohneinheiten. Grundsätzlich sind die Motels auf der Südinsel kleiner als auf der Nordinsel. Viele Motels haben einen Bügelraum, ein Spielzimmer und einen Swimmingpool oder ein Thermalbad zur allgemeinen Nutzung.
Die Preise liegen bei 50 bzw. 100 NZ$ pro Einzel- bzw. Doppelbelegung. Eine Motelklassifizierung wurde von der Automobile Association vorgenommen; Mitglieder europäischer Automobilklubs können Kopien der AA-Hotel- und Motelführer anfordern.
Viele Motels werden privat betrieben, einige sind internationalen Reservierungsketten wie Flag oder Best Western angeschlossen.

Preiswerte Unterkunftsmöglichkeiten
In den meisten Ortschaften finden Sie Pensionen sowie kleinere preiswertere Hotels, die dann über keine Alkohollizenz verfügen. Obwohl die Zimmer nicht immer ein eigenes Bad und WC

haben, ist die Atmosphäre oft recht gemütlich.
Fast alle hier erwähnten Orte besitzen auch Jugendherbergen (siehe **Praktische Tips**, S. 124 f.), daneben gibt es auch eine Reihe privater Herbergen (meist ehemalige Hotels), die sich besonders auf Rucksacktouristen eingestellt haben. Die Broschüre *NZ Budget Backpackers* ist vom neuseeländischen Fremdenverkehrsbüro in Frankfurt und Neuseeland erhältlich. Nationalparks und Naturreservate bieten einfache Hütten an, in denen Wanderer übernachten können.
Camping-Informationen finden Sie unter **Praktische Tips**, Seite 118.

Kontakt mit den Einheimischen
Urlaub auf dem Bauernhof (Farm Stay) oder bei Familien (Home Stay) ist eine gute Möglichkeit, die Kiwi kennenzulernen. Auf dem Bauernhof können Sie bei der Arbeit helfen; Sie wohnen normalerweise im Farmhaus selbst oder in einem naheliegendem Ferienhaus und speisen mit den Gastgebern. Ähnliches bietet der Aufenthalt in einer Familie. Als Vermittler agiert **Farm House & Country Home Holidays**, 5 Apollo Drive, Auckland, ☎ 09/478 2843, Fax 478 2844.
Wem etwas ganz Ausgefallenes vorschwebt, kann in einem der Gebäude auf einem *marae*, dem Maori-Versammlungsplatz, nächtigen. Sie nehmen an einer Begrüßungszeremonie teil, lassen sich ein *hangi* (s. S. 99) munden und werden mit Maori-Gesängen und -Tänzen unterhalten. Diese Möglichkeit besteht jedoch nur für Gruppen. Weitere Auskünfte erteilt das

New Zealand Tourist and Publicity Department.

Einige Hinweise:
Prüfen Sie stets, ob die 12,5 % Mehrwertsteur (GST, Goods and Service Tax) im Preis enthalten ist. Für zusätzliche Personen wird meist ein Aufschlag berechnet; das kann auch für Kinder gelten.
Die Preise sind im allgemeinen relativ saisonunabhängig, an freien Wochenenden oder in sonstigen Hochsaisonzeiten müssen Sie allerdings damit rechnen, daß eine einmalige Übernachtung abgelehnt wird. Bedenken Sie generell, daß das schöne Wetter im Sommer (Oktober bis April) entsprechend viele Touristen anlockt und die Sommerferien von Weihnachten bis Ende Januar dauern. Zwischen November und Februar sind Hotels und Motels oft ausgebucht; Reservierungen sind also zumindest in dieser Zeit ratsam.

Kultur, Unterhaltung und Nachtleben

Einzigartig in Neuseeland ist natürlich die Kultur der Maori, jedoch werden in den größeren Städten auch westliche Orchesterkonzerte, Opern-, Ballett- und Theateraufführungen geboten.
Die Bedeutung der Landwirtschaft spiegelt sich in den typisch neuseeländischen Jahrmärkten (A & P Shows) wider, die das Leben und Arbeiten auf dem Land sehr unterhaltsam nahebringen.
An Nachtleben bietet Neuseeland hingegen wenig Aufregendes.

Poi–Tänzerinnen

Maori-Kultur
In Rotorua finden jeden Abend Maori-Konzerte statt. Sie sind auch häufig in Auckland, Christchurch und Queenstown zu hören. Die Gesänge und Handlungen zum Kampf rüstender Maori-Krieger werden im *haka* dargestellt, während der *poi*-Tanz der Frauen, bei dem ein leichter Ball an einer Schnur verwendet wird, friedlicher anmutet. Bei internationalen Rugby-Wettkämpfen wird der *haka* von der Nationalmannschaft aufgeführt. Die Maori-Gesänge klingen auch für das westliche Ohr sehr melodiös und harmonisch. Ein Maori-Konzertbesuch sollte in Ihrem Neuseelandprogramm nicht fehlen.

Europäische Kultur
Auckland, Wellington und Christchurch besitzen relativ neue Konzerthäuser, in denen die fünf Orchester des Landes sowie das Royal New Zealand Ballet und die Mercury Opera Company (Auckland) zu sehen und zu hören sind. Gastspiele internationaler Künstler und Truppen, Popmusiker und anderer Stars finden meist in Auckland und Wellington statt.

In letzterem wird alle geradzahligen Jahre eine Kunstbiennale internationalen Formats veranstaltet.

A & P Shows

Vorführungen ganz anderer Art sind auf den sogenannten A & P Shows, jahrmarktähnlichen Agrar- und Viehzuchtmessen, zu sehen. Hier finden Sie alles, was mit Landwirtschaft zu tun hat, vom Traktor bis hin zu preisgekrönten Schweinen. Daneben gibt es Wettkämpfe u. a. im Holzhacken oder Schafscheren. Diese Shows werden alljährlich in zahlreichen Landwirtschaftszentren abgehalten. In Hamilton, Christchurch und vor allem Rotorua und Queenstown werden bei den täglichen Agrar-Shows für Touristen landwirtschaftliche Fertigkeiten zur Schau gestellt. Die vielen Tiere und die oft witzige Darbietung der Veranstalter machen den Besuch zu einem echten (und lehrreichen) Erlebnis.

Paraden

Paraden mit Musik und bunten Uniformen sind sehr beliebt. Das schottische Erbe läßt sich bei der Popularität der vielen Dudelsackbläser nicht verleugnen. Blaskapellen fehlen ebenfalls nicht. Paraden finden an Weihnachten, bei Landwirtschaftsmessen, Rugby Matches und regionalen Festen wie etwa dem Alexandra Blossom Festival oder den Hastings Easter Highland Games statt.

Nachtleben

Das neuseeländische Nachtleben ist kaum erwähnenswert. In manchen Restaurants und Hotels werden die Gäste mit Pianomusik unterhalten. In zahlreichen Gasthäusern und Kneipen aber wird Live-Musik gespielt. Diskotheken, die vor allem jüngere Nachtschwärmer ansprechen, finden Sie in den größeren Städten. Auckland und Wellington besitzen sogar mehrere Striplokale, Kneipen mit vorwiegend homosexuellem Publikum und Massagesalons. Kinos gibt es in jeder Stadt.

Klima und Reisezeit

Denken Sie daran, daß in Neuseeland die Jahreszeiten umgekehrt sind. Sommer ist also im Dezember, Januar und Februar, der milde Herbst geht bis Mai; der Winter beginnt im Juni, und der Frühling kehrt im September ein. Die Sonne steht am nördlichen Himmel, d. h., im Norden Neuseelands ist es wärmer als im Süden, obwohl es im Sommer auch in den nördlicheren Teilen der Südinsel recht heiß werden kann.

Insgesamt herrscht im Norden ein subtropisches, im Süden ein gemäßigtes Klima, drastische Jahreszeitenwechsel gibt es nicht. Eine von Norden nach Süden verlaufende, sich über beide Inseln erstreckende Bergkette beeinflußt das Wettergeschehen in starkem Maße. Die vorherrschenden Winde kommen aus Westen; die feuchte Luft regnet sich vor der Gebirgskette ab, dadurch sind die Niederschläge im Westen – insbesondere auf der Südinsel – bedeutend höher als im Osten. Der meiste Regen fällt im Winter, vorwiegend im Norden, während es dann im Süden häufig bis in tiefe Lagen hinunter schneit. Insgesamt ist Neuseeland ein sonnenverwöhntes Land, das im Sommer durchschnittlich sieben bis acht und im Winter vier bis fünf Sonnenstunden am Tag verzeichnet. Der Norden ist allgemein sehr feucht – Auckland ist bekannt für die höchste Luftfeuchtigkeit, während Teile der Südinsel sehr trocken sind. Starke Winde kennzeichnen das Klima, wobei Wellington als windigster Ort gilt.

Die Temperaturen, wie eigentlich das gesamte Klima, können regional, d. h. schon über eine Entfernung von 100 km, sehr unterschiedlich sein. Im Gebirge ist jederzeit mit plötzlichen, Orkanstärke erreichenden Stürmen und sintflutartigen Regengüssen, die Überschwemmungen verursachen können, zu rechnen.

Reisezeit

Die meisten ausländischen Besucher kommen im Frühling oder Sommer nach Neuseeland, während die Neuseeländer selbst im Dezember/Januar Urlaub machen. Die beliebteste Reisezeit sind also die Monate September bis Februar, doch auch März bis Mai, der neuseeländische Herbst, sind keine schlechten Reisemonate. Für Skifahrer hingegen ist die Zeit von Juli bis September ideal. Zeiten, die Sie vermeiden sollten, da dann viele Neuseeländer unterwegs sind, sind das Osterwochenende sowie das Labour Weekend (viertes Oktoberwochenende).

Kleidung

Zweckmäßig für Neuseeland ist legere Freizeitkleidung, die man beliebig den Temperaturen anpassen kann. In den Bergen kann ein Pullover oder eine leichte Jacke nötig sein. Eine

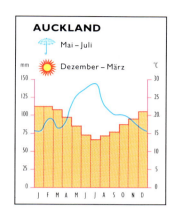

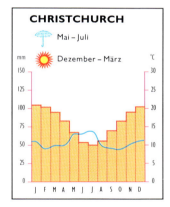

Sonnenbrille darf im Reisegepäck auf keinen Fall fehlen; nur allzu leicht unterschätzt man die starke Sonneneinstrahlung. Im Sommer sollten Sie ständig einen Sunblocker auftragen. Im November liegt das Ozonloch manchmal direkt über Neuseeland.

Vergessen Sie auch nicht einen leichten Regenmantel. Wer im Winter unterwegs ist, braucht warme Winterkleidung.

Verhaltensregeln in Neuseeland

Die Neuseeländer sind überwiegend (etwa zu 84%) europäischer Abstammung. Die meisten haben englische oder schottische Vorfahren, in einigen fließt jedoch auch irisches, walisisches, holländisches, jugoslawisches oder sonstiges europäisches Blut. Um Nelson leben auch Nachfahren deutscher Siedler. Etwa 9% der 3,35 Millionen Einwohner sind Maori, wobei sich in den meisten Stammbäumen irgendwann ein Pakeha eingeschlichen hat. Daneben gibt es Einwanderer von den Pazifikinseln – hauptsächlich Polynesier – sowie aus Indien, China, Indochina und dem Libanon. Amtssprache ist Englisch. Die Maori haben ihre eigene Sprache, die ebenfalls als Amtssprache gilt. Viele Ortsnamen stammen aus dem Maori, und in den letzten Jahren machte sich eine Bewegung für die Förderung der Maori-Sprache stark. Viele Kiwis sprechen außer Englisch keine andere Sprache; bevor Sie also nach Neuseeland aufbrechen, wäre es nicht verkehrt, Ihr Englisch etwas aufzupolieren. Der lockere Lebensstil der Neuseeländer macht das Einleben allerdings recht leicht.

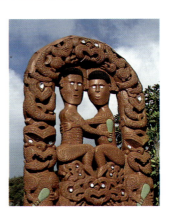

Maori-Holzschnitzerei in Rotorua

Die Maori

Die Maori waren die ersten Bewohner Neuseelands. Vor der Ankunft der Europäer hatten sie noch keine Bezeichnung für ihr Volk. Mit dem Namen „Maori" – "*Mensch*„ oder „*normal*" – grenzten sie sich später von den Weißen, die ihr Leben so grundlegend verändern sollten, ab. Die Europäer, von den Maori Pakeha genannt, fanden eine Stammesgesellschaft vor, die von einer Kriegermentalität geprägt war. Die Familienbande waren stark und von zahlreichen Traditionen untermauert. Zwar leben heute die meisten Maori in den Städten und nach westlichem Lebensstil, doch wurden in den letzten Jahren Bemühungen unternommen, ihre Traditionen zu fördern bzw. wiederzubeleben. Dazu gehören regelmäßige Zusammenkünfte auf dem *marae*, wo das Versammlungshaus mit kunstvollen Holzschnitzereien im Mittelpunkt steht, das Vermitteln der Maori-Kultur (*maoritanga*) in der Schule sowie Maori-Sprachunterricht für Maori-Kinder in Spezialkindergärten (*kohanga reo*). In manchen *marae* sind auch Touristen willkommen, die hier sogar ein oder zwei Nächte verbringen, an Zeremonien teilnehmen oder Gesängen und Geschichten lauschen können. Wenn Sie sich bemühen, etwas über die Sitten und Traditionen der Maori zu erfahren, dann gewinnen selbst die doch recht oberflächlichen Shows in Touristenhochburgen wie Rotorua an Bedeutung. Die Beziehungen zwischen den Maori und dem Rest der Neuseeländer sind heute insgesamt recht entspannt – obgleich die Landverluste, die die Maori nach dem Vertrag von Waitangi 1840 hinnehmen mußten, nach wie vor Anlaß zu Konflikten geben. Zahlreiche Mischehen zwischen Maori und Pakeha haben dazu geführt, daß jeder zwölfte Neuseeländer zur Hälfte Maori ist und in vielen anderen zumindest Maori-Blut fließt.

Die Kiwis
Neuseeländer gelten Touristen gegenüber als interessiert und aufgeschlossen. Sehr schnell wird man als Ausländer in ein Gespräch verwickelt, denn noch sind Touristen für die Kiwis – außer in den Touristenzentren – eine Seltenheit. Ist der Kontakt einmal geknüpft, können Sie sich auf freundliche, hilfreiche Unterstützung verlassen. Oft wird man sogar eingeladen und Freunden und Verwandten vorgestellt.
Bei einigen Neuseeländern ist immer noch die „Rugby-, Rennen- und Bier-Mentalität" zu spüren, wovon das große Interesse an allen möglichen Sportveranstaltungen zeugt. Allerdings geht der Bierverbrauch etwas zurück, da die Gefahren durch Alkohol allgemein und besonders am Steuer allmählich immer deutlicher ins Bewußtsein dringen. Die Strafen für alkoholisiertes Fahren sind übrigens recht streng. Der Sport freilich ist und bleibt Thema Nummer eins; wenn Sie sich also gerne

mit Neuseeländern unterhalten wollen, dann erkundigen Sie sich einfach nach aktuellen Rugby- und anderen Sportereignissen – ihre Gesprächspartner werden sich ob Ihres Interesse geschmeichelt fühlen.

Knigge auf Neuseeländisch
Die Kiwi sind lockere Leute. Anzug und Krawatte sieht man nur bei Geschäftsleuten, ansonsten trägt Mann offenes Hemd und sportliches Jackett. In einigen besseren Hotel-Bars allerdings darf man nicht zu leger gekleidet sein, d. h. Sandalen und Strandkleidung sind dort nicht erwünscht. Touristinnen brauchen sich weder in einem Kleid noch in einer Freizeithose deplaziert zu fühlen. Shorts sind in der Freizeit bei Männern wie Frauen beliebt, Hüte dafür weniger, es sei denn als Sonnenschutz. „Oben-ohne" oder FKK ist kaum üblich, die wenigen Anhänger suchen sich dafür ein verstecktes Plätzchen an einsamen Stränden aus.
Immer weniger Neuseeländer rauchen; viele nehmen daran Anstoß, und an einigen öffentlichen Plätzen ist es sogar verboten. Drogenbesitz kann mit einer Geldstrafe oder sogar einem Jahr Gefängnis geahndet werden.
Dem Glücksspiel wird von so manchen gefrönt, und besonders bei Pferderennen wetten die Neuseeländer eifrig. Die Wetten werden sowohl am Rennplatz als auch in Wettbüros, den sog. „TABs" (weil sie vom Totalisator Agency Board betrieben werden) angenommen. Private Buchmacher sind allerdings verboten. Wichtiger Wochentermin ist Samstag, 20 Uhr; da findet nämlich die

nationale Lotto-Ziehung statt. Spielkasinos sind nach wie vor illegal, obwohl die Regierung inzwischen eine Zulassung in Erwägung zieht. Die Tourismusindustrie ist noch jung und infolgedessen ist der Service in Neuseeland manchmal etwas weniger professionell als man es von Europa gewöhnt ist.

Mit Kindern reisen

Jüngere Besucher brauchen sich in Neuseeland nicht zu langweilen. Aucklands **Underwater World** (S. 20), die geothermischen Attraktionen in **Rotorua** (S. 30) und Jetboot-Fahrten in **Queenstown** (S. 85) sind für Kleine wie Große vergnügsame und aufregende Ausflüge. Beim berühmten **Bungy-Jumping** (s. S. 114) wird nicht nur den Kindern ein kalter Schauer den Rücken hinunterlaufen – und zwar allein beim Zuschauen! In Queenstown und Rotorua gibt es Kabinenseilbahnen. In Rotorua führt sie zum Mount Ngongotaha hinauf; wem die Talabfahrt mit der Gondel zu langweilig erscheint, kann auf der Rutsch- und Rodelbahn den Berg hinuntersausen. In beiden Orten wie auch in einigen anderen finden **Agrar-Shows** mit Tiervorführungen statt, die Kinder bestimmt begeistern. Neben Rotoruas Touristenattraktion, dem **Agrodome**, in dem man viel über Schafzucht und Schafschur lernen kann, steht eine große Modelleisenbahn. Weitere Modelleisenbahnen finden Sie in Taupo und Napier. Museumseisenbahnen werden

von Enthusiasten noch im ganzen Land betrieben. Fahrten sind mit Aucklands **Glenbrook Railway** an Sonntagen im Sommer möglich, in Wellington und Dunedin gibt es an vielen Wochenenden ähnliches. Nicht zu vergessen ist auch der **Kingston Flyer** südlich von Queenstown (s. S. 86). Mit dem alten Dampfer **TSS Earnslaw** kann man bei Queenstown auf dem Wakatipu-See z. B. zu einer Schaffarm schippern. Daneben können sich die Kleinen in zahlreichen Erholungsparks austoben. Die Vergnügungsparks **Rainbow's End** und **Leisureland** in Auckland sowie **Fantasyland** in Hastings versprechen für die ganze Familie viel Spaß. Schwimmen ist eine beliebte Freizeitbeschäftigung, und zwar nicht nur am Strand; in den meisten Städten und Vororten gibt es öffentliche Schwimmbäder. Etliche Motels besitzen ebenfalls Swimmingpools.

Kinderermäßigungen

Ermäßigungen werden in der Regel für Kinder bis zu zwölf, auf manchen Inlandflügen auch bis zu 14 Jahren gewährt. Weitere Kinderermäßigungen gibt es bei Bahn- und Bustickets sowie bei Eintrittskarten für Kinos oder Shows. In den Hotels und Motels wird ab 12 Jahren der volle Preis berechnet. Viele gehobenere Hotels verlangen für Kinder, die bei ihren Eltern schlafen, keinen Aufpreis. Etliche Hotels haben für Spielzimmer und Spielsachen vorgesorgt. Babysitter werden ebenfalls vermittelt; fragen Sie aber bei der Reservierung, ob der Service angeboten wird.

Preiswert Reisen

Neuseeland ist kein billiges Urlaubsland, aber mit etwas Planung und Preisvergleich läßt sich mancher Dollar sparen.

Reisen

Aufgrund der weiten Entfernung, schlägt bereits das Flugticket ein dickes Loch in die Reisekasse. Vorsicht: der günstigste Flug ist nicht immer der beste. Man sollte nicht vergessen, daß der Flug lang und anstrengend ist, und ein teurerer Direktflug manchmal besser ist als ein Flug mit mehreren Zwischenstopps ohne Aufenthaltsmöglichkeit.

Für Reisen innerhalb Neuseelands werden verschiedene Sondertarife angeboten. In Verbindung mit einem internationalen Air New Zealand-Flugschein gibt es den „Explore New Zealand Air Pass". Er gilt auf allen Inlandflügen von Air New Zealand, Air New Zealand Link und Mount Cook Airline. Diesen Air Pass müssen Sie allerdings schon vor Reisebeginn erwerben. Die Route und Anzahl (3–8 Flüge, Stopover möglich) der Flüge muß vorher festgelegt werden; die Termine können auch erst unterwegs bestimmt werden. Ansett NZ hat den „New Zealand Air Pass" und einen Sondertarif („Discover New Zealand") für Tickets in Verbindung mit internationalen Flügen. Diese Tickets kann man zu Hause oder auch in Neuseeland kaufen.

Die InterCity Coachlines bieten für ihre Bahn-, Bus- und Fährverbindungen einen Travel Pass an, der für eine bestimmte Anzahl von Tagen gültig ist (8, 15 und 22 Tage). Der Travel Pass berechtigt auch zu Fahrten auf einigen Strecken der Busunternehmer Newmans, Delta and Mount Cook Line auf der Südinsel. Erhältlich ist er nur in Neuseeland. Daneben gibt es von Mount Cook den Kiwi Coach Pass (für 7, 10, 15 bzw. 25 Reisetage). Dieser ist in Neuseeland und im europäischen Heimatland erhältlich.

Mietautos sind teuer; ein Preisvergleich zwischen den Anbietern lohnt sich in jedem Fall – kleinere Firmen sind meist günstiger. Wer das Auto selbst zum Ausgangspunkt zurückfährt, spart unter Umständen; da Neuseeland aus zwei Inseln besteht, muß dabei aber eine teure Fährüberfahrt mit dem Auto einkalkuliert werden. Autostopp ist nicht verboten, aber für alleinreisende Frauen nicht ratsam. Motorways sind für Fußgänger gesperrt.

Unterkunft

Rucksackreisende und Wohnmobilfahrer sind auf Campingplätzen sehr gut aufgehoben (s. S. 117 f.). Viele davon, vor allem die Holiday Parks, bieten *Cabins*, je nach Preis einfache, preiswerte Hütten oder Minibungalows mit gehobener Ausstattung, aber auch Wohnwagen zum Mieten an. Wanderer in den Forest- oder National Parks können in Hütten mit Etagenbetten, einfachen Kochmöglichkeiten (trotzdem eigenen Kocher mitnehmen, denn Brennstoff ist knapp) und Wasserversorgung übernachten. Diese Hütten müssen Sie im voraus in einem der Büros des Department of Conservation bezahlen (Preise liegen zwischen 4 und 12 NZ$). Siehe auch unter **Unterkunft**, S. 104, und **Prakti-**

sche Tips, S. 117 f. Broschüren
mit Listen preiswerter Unterkünfte liegen an internationalen
Flughäfen sowie in Tourist-In-
formationen aus. Auf den Info-
Tafeln der Hostels sind oft lokale Adressen zu finden.

Essen

Ein ordentliches Frühstück
(Grill) mit Schinken, Eiern, Wür-
sten und Tomaten hält, ergänzt
mit etwas Obst zu Mittag, den
ganzen Tag über an. Wenn Sie
lieber weniger zum Frühstück
essen, dann steht Ihnen mittags
der Sinn vielleicht nach preiswerten Fish'n Chips oder einem
pie (heißes Fleischpastetchen)
aus einem Dairy. Snacks werden auch in Cafés angeboten,
was jedoch u. U. teurer kommt
als geplant.
Essen zum Mitnehmen ist auch
abends die billigste Alternative.
Wer aber ein Restaurant vorzieht, sollte in ein BYO gehen,
wo man den eigenen – billige-
ren – Wein mitnehmen kann
und das Essen außerdem meist
preiswerter ist als in einem Restaurant mit Alkohol-Schanklizenz.
Die Reisekasse schonen Sie
auch, wenn Sie in einer Filiale
von Cobb & Co in einer der
Fast-food-Ketten essen.

Tips zum Geldsparen

◆Preisvergleich bei Flugtickets.
◆Vorausdenken: Inlandreisen
rechtzeitig vorbuchen.
◆Übernachtung außerhalb der
Stadt in Motorcamps – Zelt oder
Wohnwagen nicht nötig.
◆Übernachtung in der Stadt in
Lodges für Rucksacktouristen.
◆Statt Restaurant Essen zum
Mitnehmen oder Picknick.
◆BYO-Lokale, wenn Sie auf Al-
kohol nicht verzichten wollen.

Feste und Veranstaltungen

Ein Großteil der Veranstaltungen in Neuseeland sind sportli-
cher Natur: im Januar die Se-
gelregatta in Auckland, Mitte
März der 10 km lange „Round
the Bays"-Marathonlauf in
Auckland; im Dezember ein Autorennen durch Wellington und
im Juli das Trabrennfestival in
Christchurch. Des weiteren gibt
es eine Reihe regionaler wie
auch nationaler Wettkämpfe,
vorwiegend Tennis und Cricket
im Sommer bzw. Rugby und
Fußball *(Soccer)* im Winter.
Mit Kunstfestivals locken die
Großstädte; in Wellington z. B.
alle zwei Jahre im Herbst.
Am 5. November feiern die Kinder mit buntem Feuerwerk den
Guy Fawkes Day, den Jahrestag
des *Gunpowder Plot* (Guy Fawkes versuchte 1605, das britische Parlament in die Luft zu
sprengen). Zwar haben die meisten Kids keine Ahnung, worum
es ursprünglich ging, aber Spaß
macht es trotzdem.
Lokale Veranstaltungen sind
über das ganze Jahr und im
ganzen Land verstreut:
März – Masterton Golden
Shears Competition (Schafschurwettbewerb) in Masterton.
April – Arrowtown Autumn
Festival in Arrowtown; New Zealand Easter Show, Auckland.
Ostern – Hastings Highland
Games in Hastings.
Juni – Hamilton's National Agri-
culture Field Days in Hamilton.
September – Alexandra Blossom Festival in Alexandra.
Oktober – New Plymouth Rho-
dodendron Festival in New Ply-
mouth.
Weihnachten/Neujahr – Caro-
line Bay Christmas Carnival in
Timaru.

Sport

Sport zum Zusehen

An oberster Stelle der Beliebtheitsskala stehen **Pferderennen**. Jeden Samstag finden in ganz Neuseeland, hauptsächlich in Auckland und Christchurch, mindestens zwei bis drei Pferderennen oder Trabrennen statt.

Publikumsrenner Nummer eins ist **Rugby** ; besonders im Winter. Die „All Blacks", Neuseelands Nationalmannschaft, sind international bekannt. Bei regionalen und lokalen Matches sind die Stadien stets gefüllt.

Rugby-league ist ähnlich, aber kein Amateursport.

Soccer (europäischer Fußball) wird ebenfalls eifrig mitverfolgt. **Cricket** ist *der* Sommersport in Neuseeland. Egal, ob Ein-Tages oder Drei-Tages-Matches – die Stadien sind immer voll. Im Sommer finden in Auckland samstags **Autorennen** statt. Darüber hinaus gibt es zahlreiche Leichtathletikveranstaltungen.

Aktives Sporttreiben

Sehr beliebt ist **Golf**. Alle Städte und Ortschaften haben mindestens einen Golfplatz – das macht insgesamt knapp 400. Bei Touristen sind Waitangi in der Bay of Islands, The Grange (einer der Dutzend Plätze um Auckland), der Top-Platz Wairakei bei Taupo sowie Kelvin Heights in Queenstown sehr beliebt.

Auch an **Tennisklubs** mangelt es nicht. Des weiteren gibt es überall **Bowling-Klubs** (Hallen- und Rasen-Bowling), **Squash**- und *Badmintonplätze*, **Fitness** und *Aerobic Center*. Die beliebteste Frauensportart ist das basketballähnliche **Netball** ; es wird im Winter gespielt.

Für **Bootsfahrten** bieten sich im Norden der Hafen und Golf von Auckland, die Bay of Islands oder die Seen von Rotorua an, während auf der Südinsel die Marlborough Sounds, die Fjorde und die Seen der weiteren Umgebung von Queenstown zu entdecken sind. Sie haben die Wahl zwischen modernen Ausflugsbooten, Tragflügelbooten oder Katamaranen; Sie können auch mit gecharterten Segelbooten auf Entdeckungsreise gehen.

Für **Fischer und Angler** ist Neuseeland ein wahres Eldorado. Die bequemste Art zu fischen ist, vom Boot aus die Leine auszuwerfen und zu warten, was anbeißt. Forellenangeln an Seen und Flüssen ist besonders populär. Die Seen von Rotorua, Taupo und die der Südinsel versprechen Anglerfreuden das ganze Jahr über. Forellen fängt man besser im Sommer. Eine Angellizenz ist gegen eine geringe Gebühr erhältlich. Im

Wie wär's mit Bungy Jumping?

Segeln – in Neuseeland ein Massensport

Sommer ist in manchen Flüssen der Südinsel Lachsfischen möglich. Angeltouren werden überall von den Bootsvermietern angeboten. Ausgangsbasis für Hochseeangler ist Russel in der Bay of Islands sowie Tauranga. **Skifahren** ist ein beliebter Wintersport. Wintersportzentren der Nordinsel sind am Ruapehu (Whakapapa- und Turoa-Skigebiet) und am Mount Taranaki. Auf der South Island locken vor allem Queenstown und Mount Hutt. Daneben gibt es noch zahlreiche andere Skigebiete.

Andere Sportarten
Abenteuerlustige kommen hier voll auf ihre Kosten. Rasante **Jetboot-Fahrten** auf den Flüssen der Südinsel, vor allem um Queenstown, sorgen für Nervenkitzel. **White-Water Rafting** (Wildwasserfahrt im Schlauchboot) heißt die Devise um Tauranga, Whakatane und Queenstown; ausgedehnte Abenteuer versprechen fünftägige **Kajakfahrten** durch die unberührte Natur des Wanganui River. Die besten **Tauchmöglichkeiten** finden Sie an der Ostküste nördlich von Tauranga und

Auckland. Letzter Schrei ist die aufregende Fahrt mit dem Schlauchboot durch unterirdische Grotten, die als **Black-Water Rafting**, bekannt ist. **Höhlenbesuche** bieten die Gegenden um Waitomo und Nelson. **Bergsteigen** ist in den Südalpen, insbesondere am Mount Cook, in Wanaka und am Fox-Gletscher möglich. **Jagen** – vorzugsweise mit Führer – ist das ganze Jahr über erlaubt. **Wandern** ist bei Einheimischen und Touristen gleichermaßen beliebt. Die National- und Forestparks bieten eine Fülle von Wanderwegen unterschiedlichster Länge und Schwierigkeit. Aucklands Waitakere Ranges ermöglichen Buschwanderungen am Rande der größten Stadt Neuseelands. Mit weiteren Wandermöglichkeiten wartet die Coromandel-Halbinsel bei Thames und das Hochland von Rotorua und Taupo auf. Im Süden führen Busch- und Strandwanderwege durch den Abel Tasman National Park bei Nelson. In der Nähe von Nelson ist auch der Heaphy Track. Auf den geführten Wandertouren durch das Fiordland – Milford, Hollyford, Routeburn und Greenstone – genießt man eine traumhafte Berglandschaft. Für Wanderungen mit Führer sind Vorausbuchungen unbedingt erforderlich. Neuseelands ausgefallenster Nervenkitzel ist **Bungy Jumping**. Wagemutige werden am Fußknöchel an ein Gummiseil gebunden und stürzen sich dann kopfüber in die Tiefe, sogar festgebunden auf einem Fahrrad o. ä.. Der Spaß ist nicht billig (75 bis 150 NZ$), aber das Hochgefühl nach der Mutprobe soll tagelang anhalten.

Praktische Tips

Anreise und Ankunft
Per Flugzeug
Die meisten Besucher reisen per Flugzeug an. Internationale Flughäfen sind Auckland und Wellington auf der Nordinsel sowie Christchurch auf der Südinsel. Die nationale Fluggesellschaft ist Air New Zealand, Head Office, 29 Customs St. West, Auckland, ☎ 09/379 755, Fax 388 075. Zuständig für Deutschland, Österreich und die Schweiz ist die Air New Zealand, Direktion Zentraleuropa, Friedrichstr. 10–12, 60323 Frankfurt, ☎ (069) 97 13 03-0, Fax 97 14 03 90. Neben Air New Zealand bietet auch Lufthansa Direktflüge an. Die Flugzeit von Frankfurt nach Auckland beträgt sowohl über USA/Kanada als auch über Südostasien rund 30 Stunden. Aufgrund der langen Flugzeit sind Tickets mit Zwischenstopps (Stopover) sehr zu empfehlen. Air New Zealand bietet Stopovers u. a. auf Fidschi, West-Samoa und Tonga an, während Lufthansa z. B. Los Angeles, Sydney und Kuala Lumpur im Programm hat. Interessante Stopovers sind auch mit folgenden Fluggesellschaften möglich: Cathay Pacific in Hongkong; Singapore Airlines in Singapore; Thai Airways in Bangkok; United Airlines in San Franciso oder Los Angeles, Quantas in Sydney oder Melbourne; Continental Airlines in New Jersey; Canadian Airlines in Toronto oder Hawaii oder Fidschi. Eine andere Möglichkeit sind „Rund um die Welt"-Flüge, die ebenfalls von den hier genannten Fluggesellschaften angeboten werden. Man sollte sich im Reisebüro auf jeden Fall nach Sondertarifen erkundigen; Lufthansa z. B. bietet den Holiday-Tarif an.

Der Flughafen von Auckland verfügt über eine Bank und Wechselstuben, Restaurants sowie Geschäfte. Hier kann man auch Autos mieten. Ein ähnliches Angebot erwartet Sie auch an den Flughäfen von Wellington und Christchurch. Zubringerbusse verkehren regelmäßig von 6 bis 21 Uhr zwischen Auckland Airport und Auckland City (23 km). Es gibt auch Minibusse oder Taxis.

In Wellington (8 km) sorgen Pendelbusverbindungen oder das Supershuttle für eine zügige Fahrt ins Stadtzentrum, während man in Christchurch (11 km) mit dem normalen Busnetz vorlieb nehmen muß. Die Busse fahren allerdings in kurzen Abständen. Bei der Abreise ist eine Flughafensteuer von NZ$ 20 (Auckland, Wellington) bzw. NZ$ 16 (Christchurch) zu entrichten.

Apotheken
Apotheken finden Sie in allen Städten, Vororten und Ortschaften. Sie halten sich in der Regel an die üblichen Geschäftszeiten. In größeren Ortschaften und Vorstädten gibt es auch einen Notdienst (Urgent Dispensary); erkundigen Sie sich in Ihrem Hotel oder Motel. Die Apotheken bieten ein breites Produktsortiment, angefangen von Medikamenten und Kosmetikartikeln über Erste-Hilfe-Produkte und Empfängnisverhütungsmittel bis hin zu Fotozubehör.

Autofahren
In Neuseeland wird links gefahren. Das Straßennetz ist gut ausgebaut, der Verkehr – außer

in größeren Städten – gering. Nur Auckland und Wellington besitzen zweispurige autobahnähnliche Hauptadern, die vom Zentrum in die Vorstädte führen (für Radfahrer und Fußgänger gesperrt). Die meisten Straßen sind asphaltiert und einspurig; manche Landstraßen haben jedoch nur einen groben Schotterbelag.

Innerhalb geschlossener Ortschaften beträgt die Höchstgeschwindigkeit 50 km/h, außerhalb 100 km/h. Die meisten Verkehrszeichen entsprechen dem internationalen Verkehrssystem. Die Verkehrsordnung wird von Verkehrspolizisten (Traffic Officers) überwacht, die sich von den „normalen" Polizisten deutlich unterscheiden.

Ab 0,8 Promille Alkoholanteil im Blut ist Autofahren strafbar. Verdächtige Fahrer haben damit zu rechnen, „ins Röhrchen" blasen oder sich Blutproben entnehmen lassen zu müssen. Für Fahrer wie Beifahrer besteht Gurtpflicht.

Wenn Sie unterwegs eine Panne haben sollten, wenden Sie sich an eine der zahlreichen Kfz- oder Reparaturwerkstätten; an Wochenenden sind Automechaniker allerdings schwer greifbar.

Unter den überreichten Papieren der Mietwagenfirmen finden Sie Anweisungen für Pannen oder Unfälle. Auf jeden Fall ist die Leihfirma unverzüglich von einem Unfall in Kenntnis zu setzen. Sind weitere Fahrzeughalter am Unfall beteiligt, notieren Sie unbedingt deren Namen, Adresse und Versicherungsgesellschaft. Bei Personenschäden ist die Polizei oder ein Traffic Officer zu benachrichtigen. An den meisten Tankstellen gibt es Super, Normal und bleifreies Benzin. Diesel sowie LPG (flüssiges Treibgas) und CNG (Druck-Erdgas) sind ebenfalls erhältlich (letzteres nicht auf der Südinsel). Vorsicht, die Distanzen zwischen Tankstellen können manchmal manchmal (vor allem auf der Südinsel) sehr groß sein; es lohnt sich also, zu tanken, wenn man die Gelegenheit dazu hat. Auf dem Land sind viele Tankstellen frühmorgens und abends geschlossen (in den meisten größeren Zentren haben sie aber rund um die Uhr auf).

Die Automobile Association (AA) ist in Neuseeland gut repräsentiert; Mitglieder angeschlossener europäischer Automobilklubs (z. B. dem ADAC) können gegen Vorlage ihrer gültigen Mitgliedskarte vom AA-Leistungsangebot Gebrauch machen – dazu zählt beispielsweise sehr gutes Kartenmaterial! Adresse: Automobile Association (AA), 33 Wyndham Street, Auckland, ☎ (09) 377 4660.

Autovermietung

Wenn Sie einen Wagen mieten wollen, müssen Sie mindestens 21 Jahre alt sein und den Führerschein schon ein Jahr besitzen. Der internationale Führerschein wird anerkannt, bei Fahrern aus Deutschland, Österreich und der Schweiz reicht auch der nationale Führerschein. Eine Haftpflichtversicherung ist zwingend vorgeschrieben. Die Fahrzeugversicherung ist im Mietpreis enthalten. Im Schadensfall muß der Mieter jedoch u. U. eine Selbstbeteiligung oder bei Überschreitung der Versicherungssumme einen entsprechenden Restbetrag zahlen.

Der durchschnittliche Mietpreis für einen Mittelklassewagen ohne Kilometerbegrenzung beträgt pro Tag rund 100 NZ$. In der Regel wird eine Kaution von 500 NZ$ verlangt, die selbstverständlich bei der Rückgabe des unversehrten Fahrzeugs wieder erstattet wird.

Einige als gefährlich eingestufte Straßen sind vom Versicherungsschutz ausgeschlossen, lesen Sie also unbedingt das Kleingedruckte!

Wollen Sie beide Inseln besuchen, vergewissern Sie sich vorher, ob Sie das Mietauto auf der Fähre zwischen Nord- und Südinsel mitnehmen müssen oder ob Sie den Wagen abgeben und auf der anderen Insel einen neuen nehmen können. Ideal sind auch Einwegmietverträge, d. h. Sie mieten das Auto z. B. in Auckland und geben es in Christchurch wieder ab. Dadurch erspart man sich den langen Rückweg und Kosten für die Fähre.

Die wichtigsten Mietwagenfirmen für Wohnmobile sind Newmans, Horizon und Maui. Von Oktober bis April sind Reservierungen unbedingt erforderlich. Das Angebot reicht von kleinen Zweibett-Campingbussen bis hin zu großen Wohnmobilen für fünf bis sechs Personen. In der Regel gibt es keine Kilometerbegrenzung, es können aber Versicherung und Steuer dazu kommen. Ein Zweibett-Campervan kostet im Sommer 135 NZ$, im Winter um 84 NZ$. Die meisten Campingplätze haben Elektroanschlüsse für Wohnmobile.

Neben den großen internationalen Anbietern gibt es natürlich auch kleinere, lokale Firmen. Einige Adressen:

Avis, Building 4, Central Park, 666 Great South Road, Penrose, Auckland, ☎ 09/525 1982, Fax 525 0309. In Deutschland: Zimmersmühlenweg 21, 61437 Oberursel, ☎ (0 61 71) 6 80, Fax 68 1001.

Hertz, 44–46 Lichfield Street, Christchurch, ☎ 03/366 0549. In Deutschland: Schwalbacher Str. 47–49, 60326 Frankfurt/M., ☎ (0 69) 7 58 50, Fax 7 58 52 89.

Letz Rent-a-car, c/o Quality Inn Hotel, Kirkside Ecke Ascot Road, Mangere, Auckland, ☎ (09) 365 6890, Fax 365 0529.

Maui Tours, Private Bag 92133, Auckland, ☎ (09) 275 0835, Fax 275 9690.

Für Rundfahrten oder kurze Ausflüge können auch Autos mit Chauffeur angemietet werden. Vorausbuchungen sind gewöhnlich erforderlich. Auch Taxiunternehmen stellen Fahrer, die Sie zwei, drei Tage durch die Gegend kutschieren, zur Verfügung.

Behinderte

An Flughäfen sowie an vielen öffentlichen Stätten – Theater, Einkaufszentren, Toiletten – gibt es spezielle Einrichtungen für Behinderte. Modernere Hotels bzw. Motels besitzen in der Regel auch Apartments für Körperbehinderte. In den offiziellen Hotelführern ist vermerkt, welche Unterkünfte behindertengerechte Ausstattungen besitzen. Weitere Informationen über Behinderteneinrichtungen sind erhältlich vom Disability Resource Centre, PO Box 24–042, Royal Oak, Auckland, ☎ (09) 625 8069, Fax 624 1633.

Camping

Campingplätze sind in der Regel komfortabel und sehr gut

ausgestattet; sie haben Gemein-
schaftstoiletten und –duschen,
Küche und Waschküche sowie
vielfach einen Aufenthaltsraum
mit Fernsehapparat. Ein Zelt-
platz kostet pro Nacht für zwei
Personen 12 NZ$ aufwärts; mit
Wohnmobil müssen Sie zu zweit
für einen Stellplatz inklusive
Stromversorgung mit mindestens 16 NZ$ rechnen. Auf etli-
chen Campingplätzen gibt es
auch *Cabins* unterschiedlichen
Standards, von einfachen Hütten mit Etagenbetten bis hin zu
Minibungalows, die sich kaum
mehr von einem Motel unterscheiden. Bettzeug wird in der
Regel nicht gestellt. Im Dezember und Januar empfiehlt es
sich, einen Platz zu reservieren.
In der übrigen Zeit bekommt
man eigentlich immer einen
Platz.
Eine Liste der Campingplätze
mit ihrer jeweiligen Ausstattung
finden Sie im Outdoor Accom-
modation Guide der Automobile
Association (AA), erhältlich in
Buchhandlungen oder den
AA–Büros in Neuseeland.
Weitere Informationen und ein
Verzeichnis der Plätze, die der

*Unterwegs durch Neuseelands
schöne Landschaft*

Camp and Cabin Association,
4a Kanawa Street, Waikanae,
☎ und Fax 04/298 3283, angeschlossen sind, finden Sie in der
Broschüre „Holiday Accomoda-
tion Parks", erhältlich beim
Fremdenverkehrsamt in
Frankfurt.

Diplomatische Vertretungen
*Botschaft der Bundesrepublik
Deutschland,* 90–92 Hobson
Street, PO Box 1687,
Wellington 1, ☎ (04) 473 6063;
Fax 473 6069.
*Österreichisches Generalkonsu-
lat,* 23 The Terrace, PO Box
3148, Wellington 1, ☎ (04)
801 9709.
Schweizer Botschaft, Panama
House, 22–24 Panama Street,
PO Box 386, Wellington 1,
☎ (04) 472 1593, Fax 499 6302.
**Neuseeländische Vertretun-
gen in Europa**
In Deutschland:
New Zealand Embassy, Bonn
Center, HI 902, Bundeskanzler-
platz 2–10, 53113 Bonn,
☎ (02 28)22 80 70, Fax 22 16 87;
zuständig auch für Österreich.
In Österreich:
*New Zealand Honorary General
Consulate,* Springsiedelgasse
28, 1190 Wien, ☎ (01) 37 22 12,
Fax 37 76 60.
In der Schweiz:
*New Zealand Consulate–Gen-
eral,* 28A Chemin du Petit–Sa-
connex, 1209 Genf, ☎
(0 22)7 34 95 30, Fax 0 02/
7 34 30 62.

Drogerien siehe **Apotheken**

Einreiseformalitäten
Paß und Visum
Besucher aus der Bundesrepu-
blik Deutschland, Österreich
und der Schweiz brauchen für
Ferienaufenthalte bis zu drei

Monaten kein Visum, jedoch muß der Reisepaß noch mindestens drei Monate über das geplante Rückreisedatum hinaus gültig sein. Ein Impfzeugnis ist nicht notwendig.
Neben dem Reisepaß ist ein Rück- oder Weiterflugticket vorzulegen; daneben sind ausreichende Zahlungsmittel nachzuweisen (in der Regel 1000 NZ$ pro Monat). Normalerweise genügt auch die Vorlage einer Kreditkarte.

Zoll

Als Inselnation ist Neuseeland weitgehend von epidemischen Tier- und Pflanzenkrankheiten verschont geblieben. Solche Krankheiten würden sich verheerend auf die einheimische Landwirtschaft auswirken und infolgedessen werden auf Interkontinentalflügen die Flugzeugkabinen vor der Landung mit einem Spray desinfiziert, das jedoch für Menschen keine schädlichen Auswirkungen hat. Agrarprodukte dürfen in der Regel nicht eingeführt werden. Ankommende Passagiere müssen außerdem auf einem Formular angeben, ob sie Lebensmittel, Tierprodukte oder Pflanzen im Reisegepäck haben.
Feuerwaffen sind zu deklarieren, bestimmte Waffen verboten. Drogenbesitz ist generell streng verboten; illegaler Drogenbesitz wird hart bestraft. Medikamente dürfen in geringen Mengen eingeführt werden, sofern ihre Notwendigkeit aus einem ärztlichen Attest oder Rezept (am besten auf Englisch) hervorgeht.
Zollfrei eingeführt werden dürfen pro Person ab 17 Jahren: 200 Zigaretten, 50 Zigarren oder 250 g Tabak; 4,5 l Wein und maximal 1125 ml Spirituosen.

Sonstige zollpflichtige Waren bis zu einem Wert von 500 NZ$ können vom Zoll und der GST (Goods and Service Tax = Mehrwertsteuer) ausgenommen werden.

Feiertage

An *Weihnachten* (25. Dezember), Karfreitag und am *Anzac Day* (25. April – Gedenktag an die Gefallenen der beiden Weltkriege) sind die meisten Geschäfte und Sehenswürdigkeiten geschlossen.
Weitere Nationalfeiertage:
Neujahr (1. und 2. Januar)
Waitangi Day (6. Februar)
Ostermontag
Queen's Birthday – Geburtstag von Königin Elisabeth II (erster Montag im Juni)
Labour Day (vierter Montag im Oktober)
An diesen Tagen haben die meisten Geschäfte geschlossen, viele Touristenattraktionen jedoch nicht.
Daneben hat jede Provinz ihren eigenen Feiertag, der auf die Gründungszeit zurückgeht.

Fremdenverkehrsbüros

Das New Zealand Tourism Board (NZTB) hat folgendes Büro für Deutschland, Österreich und die Schweiz:
Fremdenverkehrsamt von Neuseeland, Friedrichstr. 10–12, 60313 Frankfurt/M., ☎ (0 69) 9 71 21 10, Fax 97 12 11–13.
Auf Anfrage bekommt man sehr interessantes und hilfreiches Informationsmaterial zugeschickt.
Innerhalb Neuseelands gibt es ein ganzes Netz von Public Relations Offices und Visitor Information Centres. Die Adressen finden Sie im Reiseteil bei den jeweiligen Stadt- und Ortsbeschreibungen.

Geld und Devisen

Die neuseeländische Währung ist der Neuseeland-Dollar (1 NZ$ = 100 Cents). Er ist an keine andere Währung gebunden. Der Kurswert lag im Juni 1993 bei etwa 0,85 DM für 1 NZ$. Im Umlauf sind 5-, 10-, 20- und 50-Cent- sowie 1- und 2-Dollar-Münzen. Banknoten gibt es im Nennwert von 5, 10, 20, 50 und 100 Dollar.
Geschäftszeiten der Banken: Mo–Fr 9–16.30 Uhr (außer an gesetzlichen Feiertagen). Thomas Cook, American Express und einige andere Banken betreiben auch Wechselstuben. An den internationalen Flughäfen sind die Banken während des Flugbetriebs geöffnet.
Kreditkarten (Visa, Access/Mastercard, Diners Club, American Express) sind ein gängiges Zahlungsmittel.
Ein- und Ausfuhr von Landes- und Fremdwährung unterliegen keinen Beschränkungen.

Gesundheit

Impfungen werden nicht verlangt. Falls Sie in den ersten drei Wochen nach Ihrer Ankunft krank werden, sollten Sie, besonders wenn sie vorher in den Tropen waren, einen Arzt aufsuchen und ihm ihren letzten Aufenthaltsort angeben. Hotels und Motels haben Absprachen mit einem dienstbereiten Arzt.
Ratsam ist der Abschluß einer Reisekrankenversicherung, denn die medizinische Versorgung ist für Ausländer nicht kostenlos; achten Sie darauf, daß ein eventueller, medizinisch notwendiger Rücktransport eingeschlossen ist. Erleidet ein ausländischer Besucher in Neuseeland Verletzungen infolge eines Unfalls, hat auch er ungeachtet des Verschuldens Anspruch auf die Leistungen der Accident Compensation Corporation, der nationalen Unfallversicherung. Darunter fallen die meisten Arzt- und Krankenhauskosten sowie Pauschalentschädigungen für dauerhafte Invalidität, aber keine Sachschäden. Allerdings werden aufgrund der wirtschaftlichen Schwierigkeiten, die Neuseeland im Moment zu schaffen machen, solche Leistungen in Zukunft sicher gekürzt werden. Dem Thema Aids wird zusehends größere Aufmerksamkeit geschenkt, die Aidserkrankungen halten sich jedoch im Moment noch sehr in Grenzen.

Kriminalität

Trotz der entspannten Lebensweise der Neuseeländer sollte man ein paar Vorsichtsmaßnahmen nicht außer acht lassen, denn schwarze Schafe gibt es auch in Neuseeland. Es gibt keine bestimmten Gegenden, die gefährlicher wären als andere; grundsätzlich sollte man aber dunkle Nebenstraßen in der Stadt meiden. Begeben Sie sich nicht alleine auf verlassene Straßen oder in einsame Gegenden auf dem Land. Frauen, auch wenn sie zu zweit unterwegs sind, sollten sich nachts ebenfalls nicht in dunklen Straßen und Tiefgaragen aufhalten. Stellen Sie auch nicht unnötig teure Lederkleidung, exklusive Schuhe, Schmuck oder Ihre Geldbörse zur Schau. Ziehen Sie in Kneipen keine Brieftaschen, Reisepässe, Kreditkarten oder Zimmerschlüssel heraus. Schließen Sie das Auto stets ab und lassen Sie keine Wertgegenstände offen sichtbar darin liegen. Wollen Sie per Anhalter fahren, dann am besten nur mit

Begleiter. In den meisten Hotels können Sie Ihre Wertsachen in Safes verwahren. Geben Sie Ihren Zimmerschlüssel immer an der Rezeption ab, wenn Sie länger unterwegs sind.

Medien
Zeitungen und Zeitschriften
Als führende Tageszeitung gilt Aucklands Morgenblatt „The New Zealand Herald", jede größere Stadt besitzt ihre eigene Morgen- und Abendzeitung. Neben den neuesten Ausgaben der Politmagazine „Time" oder „Newsweek" gibt es zahlreiche internationale Zeitschriften, darunter auch den „Spiegel" und die „Zeit", die meist per Schiff hierher kommen und deshalb einige Wochen alt sind.

Radio
Neuseeland besitzt vier überregionale Radiosender: das staatliche National Programme (Mittelwelle) mit Nachrichten, Interviews und Informationen sowie den Klassiksender Concert Programme (UKW). Die beiden kommerziellen Kanäle senden Popmusik. Daneben gibt es noch ein paar Lokalsender. Die meisten Programme senden Englisch, ein paar auch in der Maori-Sprache.

Fernsehen
Es gibt drei Fernsehkanäle. Die Sendungen beinhalten Nachrichten, populäre Shows und Dokumentationen aus Großbritannien, den USA und Australien sowie einige lokale Produktionen.

Netzspannung
Die Stromversorgung wird über einen 230-Volt-Wechselstrom sichergestellt. Diese etwas höhere

Rugby – die Leidenschaft einer ganzen Nation

Spannung ist in der Praxis unerheblich. Ganz anders jedoch sind die Stecker; sie haben drei flache Stifte. Die meisten Hotels stellen Adapter zur Verfügung, die aber häufig nur für die amerikanischen 110-V-Stecker und dann auch nur für Rasierapparate taugen. Besorgen Sie sich also vor der Reise einen Universaladapter.

Notruf
Der nationale Notruf lautet 111. Sie erreichen damit die Polizei, die Feuerwehr oder den Krankenwagen. Geben Sie als erstes an, welchen Notdienst Sie benötigen. Ausführliche Notrufinformationen finden Sie auf den ersten Seiten der Telefonbücher sowie in öffentlichen Telefonzellen.

Öffentliche Verkehrsmittel
Inlandflüge
Den Inland-Linienflugverkehr teilen sich zwei Fluggesellschaften: Air New Zealand und Ansett New Zealand. Ihre Maschinen verkehren zwischen Auckland, Wellington, Christchurch, Dunedin, Hamilton, Palmerston North und Invercargill. Ansett

New Zealand und Mount Cook Airways fliegen auch die Touristenstrecke von Rotorua über Christchurch nach Mount Cook und Queenstown.
Eine Reihe weiterer Städte werden von kleineren Regionalfluglinien angeflogen. Touristen bieten die größeren Liniengesellschaften spezielle Tarife oder Airpasses an. Diese Tickets müssen Sie allerdings zum Teil bereits vor der Einreise erwerben, die Termine können Sie allerdings offenlassen (siehe dazu Preiswert reisen, S. 111).
Gönnen sollte man sich unbedingt auch einen Panorama-Flug, ein unvergeßliches Erlebnis. Besonders beliebt sind Flüge über die Gletscher, Fjorde und die Bergwelt der South Island oder die Vulkane der North Island. Diese „Flightseeing-Trips" werden in allen Touristenzentren angeboten, zur Auswahl stehen Helikopter, Leicht- und Amphibienflugzeuge oder gar Heißluftballone. Die Preise bewegen sich zwischen 35 NZ$ für einen kurzen Hubschrauberflug und 300 NZ$ für längere Touren. Adressen:
Air New Zealand, siehe Ankunft.
Ansett NZ, PO Box 4168, Auckland, ☎ (09) 309 6235, Fax 309 6434.
Mount Cook Airline, PO Box 4644, Christchurch,
☎ (0800) 800 737 (Reservierungen, gebührenfrei).

Eisenbahn

Die Eisenbahngesellschaft, New Zealand Rail, betreibt sechs Langstreckenzüge (sogenannte InterCity-Züge), die durch landschaftlich sehr reizvolle Gebiete führen: Zwei Züge verkehren zwischen Auckland und Wellington (untertags der „Silver Fern", nachts der „Northerner"). Der letztere ist etwas preiswerter. Der „Bay Express" fährt täglich zwischen Wellington und Hastings/Napier auf der North Island; der "Coastal Express" zwischen Christchurch und dem Fährhafen Picton. Der „Tranz Alpine" verbindet Christchurch und Greymouth, und der „Southerner" bedient die Südstrecke von Christchurch nach Dunedin/ Invercargill.
New Zealand Rail, Private Bag, Wellington, ☎ (0800) 802 802 (Reservierungen, gebührenfrei), Fax (04) 498 3721.

Linien- und Reisebusse

Das InterCity-Busnetz der New Zealand Rail deckt den Großteil des Landes ab, einschließlich zahlreicher Urlaubsorte. Auch Newmans Bus Lines verkehren auf beiden Inseln; sie verbinden Auckland mit New Plymouth, Napier mit Wellington und Nelson mit Christchurch. Mit dem „Landliner" der Mount Cook Line gelangen Sie täglich von Auckland nach Wellington. Vom selben Busunternehmen wird außerdem die Verbindung von Christchurch nach Mount Cook und Queenstown durch die herrliche Landschaft der South Island sichergestellt. Newmans bietet darüber hinaus diverse Busreisen einschließlich Unterkunft und Verpflegung an. Die Ausflüge auf der South Island dauern sechs bis elf Tage, im Anschluß können noch drei- bis viertägige Rundreisen auf der North Island gebucht werden.
Newmans Coachline, PO Box 90–821, Auckland West, ☎ (0800) 733 500 (Reservierungen, gebührenfrei).
Mount Cook Line (Landline), PO Box 4644, Christchurch,

☎ (0800) 800 737 (Reservierungen, gebührenfrei).
Besonders günstig ist das Reisen mit dem InterCity Travel Pass der New Zealand Rail. Der Pass gilt für jeweils zwei Wochen (8 Reisetage), 22 Tage (15 Reisetage) und 31 Tage (22 Reisetage). Er berechtigt zur uneingeschränkten Nutzung der Strecken des Inter-City-Netzes (dazu gehören bahneigene Busse, Eisenbahnen und alle Fähren). InterCity Coachlines, Railway Station, Beach Road, CPO Box 3625, Auckland, ☎ (09) 358 4085, Fax 09/270 5383.

Fähren

Der Fährverkehr zwischen den Inseln liegt in der Hand der neuseeländischen Eisenbahn (NZ Rail). Zwischen Wellington und Picton verkehren die Fähren zwei- bis viermal täglich. Die Überfahrt dauert jeweils dreieinhalb Stunden. Passagiere bekommen normalerweise auch ohne Reservierung noch einen Platz, wer jedoch mit einem Fahrzeug unterwegs ist, sollte vor allem in der Hochsaison (Dezember/Januar) unbedingt vorausbuchen: The Interislander, Wellington Railway Station, Wellington, ☎ (0800) 658 999 (Reservierungen gebührenfrei), Fax (04) 498 3721. Eine weitere Fähre verkehrt zwischen Bluff auf South Island und Oban auf Stewart Island.

Öffnungszeiten
Geschäfte

Die Geschäfte sind in der Regel montags bis donnerstags von 9 bis 17.30 Uhr geöffnet. Freitags, in manchen Gegenden auch donnerstags, kann man bis 21 Uhr einkaufen. Samstags kann man von 9 bis 12 Uhr, teilweise auch bis 16 Uhr einkaufen. Nach einer Lockerung des Ladenschlußgesetzes sind zur Zeit probeweise einige Läden auch sonntags geöffnet. (**Banken** siehe auch **Geld und Devisen**.)

Persönliche Sicherheit

Wenn Sie ganz normale Vorsicht walten lassen z. B. keine einsamen nächtlichen Spaziergänge in dunklen, verlassenen Straßen unternehmen , dann kann Ihnen nichts passieren. (Siehe auch **Kriminalität**, S. 120.)
Wollen Sie zu einer längeren Wanderung durch den Regenwald oder im Gebirge aufbrechen, achten Sie auf zweckmäßige Kleidung, gutes Kartenmaterial, ausreichenden Proviant und informieren Sie jemanden über Ihr Vorhaben. Notrufnummern finden Sie auf der Rückseite der Telefonbücher. Die Natur in Neuseeland birgt kaum Gefahren für den Menschen. Es gibt zwar eine Giftspinne, die an Stränden lebende, äußerst seltene Katipo-Spinne, aber die Wahrscheinlichkeit einer unliebsamen Begegnung ist eher gering. Sandflies (Sandfliegen) dagegen sind in vielen Gegenden (vor allem am Milford Sound) eine echte Plage, und in Buchenwäldern, vor allem in der Umgebung von Nelson, können auch Wespen ziemlich lästig werden. Sorgen Sie mit einem wirksamen Insektenschutzmittel vor.

Polizei

Die Polizei arbeitet sehr effizient. Die Polizisten tragen in der Regel keine Waffen. Die Notrufnummer lautet 111.
Verkehrsverhalten und -sicherheit unterliegen nicht der Poli-

*Neuseeländisches Kunsthandwerk
sucht seinesgleichen*

zei, sondern sind Aufgabe des
eigenständigen Department of
Transport mit seinen Traffic Officers.

Post
Das Signet der neuseeländischen Post ist ein stilisierter
Briefumschlag. Das Postsystem
ist effizient, Inlands- wie Aus-
landspost wird zügig bearbeitet.
Geben Sie bei Briefen und
Päckchen an, ob Sie sie per
Standard Post (dauert länger!)
oder per Fast Post (in der Regel
Luftpost und teurer) verschik-
ken wollen. Per Luftpost
braucht ein Brief nach Europa
etwa eine Woche.
In allen größeren Städten gibt
es im Hauptpostamt eine Stelle
zur Aufbewahrung und Ausga-
be von postlagernden Sendungen (Poste restante).

Das Hauptpostamt (NZ Post
Chief Post Office) in Auckland
ist am Queen Elizabeth II Square, Queen Street.
Die meisten Postämter sind
werktags zwischen 9.30 und
17 Uhr, freitags bis 20 Uhr geöffnet.
Briefmarken erhalten Sie auch
in verschiedenen anderen Geschäften; in ländlichen Gegenden dienen kleinere Supermärk-
te oft auch als Postamt.

Reiseveranstalter
Reisebüros in Deutschland,
Österreich und der Schweiz, die
sich auf Neuseeland spezialisiert haben, stehen im Neuseeland Reiseplaner (erhältlich vom
Fremdenverkehrsamt in Frank-
furt/M.).
Im Land selbst gibt es 500 Rei-
severanstalter, aber nicht alle
vermitteln Inlandreisen.
Air New Zealand besitzt einige
Reisebüros, über die Sie Tickets
und Unterkunft buchen können.
Auch der Automobile Club AA
betreibt eine Reihe von Reise-
agenturen unter der Bezeichnung AA Travel, die in allen
größeren Städten vertreten sind.

Senioren auf Reisen
Weder Klima oder Gelände bergen für ältere, einigermaßen rü-
stige Reisende besondere Risi-
ken. InterCity bietet auf allen
Strecken Fahrgästen über 60
den „Golden Age Saver" an, eine 30%ige Ermäßigung auf den
regulären Fahrpreis. Ein Alters-
nachweis ist erforderlich.

Studenten und Jugendliche
Die neuseeländische Youth
Hostel Association ist an die International Youth Hostel Fed-
eration angeschlossen. Die An-
schrift des YHA Head Office

lautet: PO Box 436, Worcester Street, Christchurch, ☎ (03) 379 9970, Fax 365 4476. Die YHA-Zweigstelle in Auckland liegt im Australia House, PO Box 1687, 36 Customs Street East, ☎ (09) 374 4224, Fax 366 6275.

In größeren Städten gibt es auch YMCA- und YWCA-Hostels (christlicher Verein junger Männer bzw. Frauen), die einfache Unterkünfte sowie meist Frühstück und Abendessen anbieten.

Das neuseeländische Head Office der Student Travel Services ist im 1st Floor, Hope Gibbons Building, 11–15 Dixon Street, Wellington, ☎ (04) 385 0561, Fax 385 8170. Es gibt Zweigstellen an den Universitäten von Auckland, Christchurch, Dunedin, Hamilton und Palmerston North. Dort erhalten Sie Auskunft über Ermäßigungen und können sich einen internationalen Studentenausweis ausstellen lassen. InterCity gewährt Studenten 25% Ermäßigung auf allen Eisenbahn-, Bus- und Fährstrekken.

Inhaber eines internationalen Studentenausweises erhalten bei Air New Zealand auf Inlandflügen (sofern noch Plätze verfügbar sind) ermäßigte Flugtikkets.

Mitglieder der Youth Hostel Association können mit den Newmans Bus Lines günstiger reisen.

Telefonieren

Wollen Sie vom Ausland nach Neuseeland telefonieren, wählen Sie zuerst die internationale Durchwahl (0064), dann die Ortskennzahl ohne die 0 und zuletzt die Nummer des Teilnehmers.

Die internationale Durchwahl von Neuseeland nach Deutschland lautet 0049, nach Österreich 0043 und in die Schweiz 0041 (die 0 der nachfolgenden Ortskennzahl entfällt). Die Gebühr beträgt ca. 2,80 NZ$ pro Minute.

Für Ferngespräche innerhalb Neuseelands wählen Sie zuerst die 0, dann die Ortskennzahl und Teilnehmernummer. In den meisten öffentlichen Telefonzellen können Sie mit Telefonkarten telefonieren, die Sie in den Telecom-Zweigstellen und einigen Geschäften erhalten.

In den Hotels finden Sie außerdem Anweisungen für Ferngespräche vom Zimmer aus.

Toiletten

Öffentliche Toiletten finden Sie in allen Stadtzentren sowie in zahlreichen Einkaufspassagen oder Kaufhäusern, manchmal auch an Tankstellen. Damen suchen nach der Tür mit der Aufschrift „Ladies", Herren halten nach „Gents" Ausschau.

Trinkgeld

Trinkgeld ist nicht üblich. In den Hotelrechnungen ist der Bedienungszuschlag bereits enthalten, dazu kommt die Goods and Service Tax (GST = Mehrwertsteuer) von 12,5%.

Unterhaltung

In den Touristenzentren erhalten Sie in den Hotels sowie den Informationsbüros lokale Veranstaltungskalender. Auch Tageszeitungen enthalten entsprechende Hinweise. In Auckland sollten Sie sich die Auckland Tourist Times besorgen. In Rotorua heißt das Pendant dazu Thermal Air und deckt das Gebiet zwischen der Bay of Plenty und Taupo ab. Mountain Scene informiert über Veranstaltungen in und um Queenstown.

Verlust von Vermögensgegenständen

Den Verlust von Vermögensgegenständen sollten Sie unverzüglich der Polizei mitteilen. Wenn Sie später nämlich Ihrer Versicherung einen Schaden melden, wird oft ein polizeilicher Nachweis gefordert.
Bei Verlust des Reisepasses wenden Sie sich an die nächste diplomatische Vertretung des ausstellenden Landes (wenn Sie Kopien des Passes vorlegen können, wird es einfacher).
Bei abhandengekommenen Kreditkarten oder Reiseschecks setzen Sie sich am besten mit dem entsprechenden Kredit- bzw. Bankinstitut in Verbindung.

Zeit

Da Neuseeland so nahe an der Datumsgrenze liegt, beginnt es als einer der ersten den neuen Tag. Der mitteleuropäischen Zeit (MEZ) ist man um 11 Stunden voraus. Doch durch die Sommerzeit, die auch in Neuseeland eingeführt wurde, beträgt der Unterschied im europäischen Winter 12, im europäischen Sommer nur noch 10 Stunden.

Sprache

Offizielle Amtssprachen sind Englisch und Maori. Allerdings wird meistens Englisch gesprochen. Dabei unterliegt das geschriebene Englisch mehr den Sprachregeln des British English als des American English.
Es gibt kaum regionale Unterschiede in der Aussprache mit

Ausnahme vielleicht des Südens, wo Sie einen leichten schottischen Akzent heraushören können.
Es werden außerdem Bemühungen unternommen, die Maori-Sprache am Leben zu erhalten und zu fördern. Der Besucher freilich wird auf sie im wesentlichen nur bei den Ortsnamen stoßen. Die Maori-Ortsnamen sind in der Regel Beschreibungen, manchmal beziehen sie sich jedoch auch auf Taten oder Ereignisse, die sich an diesem Ort tatsächlich oder laut Legende zutrugen. Ein kleines Glossar zum besseren Verständnis der Ortsnamen finden Sie weiter unten.
Die Aussprache ist phonetisch, jede Silbe wird ausgesprochen und gleichlang betont.

Glossar
Aotearoa das Land der Langen Weißen Wolke (Neuseeland)
ara Weg
awa Fluß, Tal
hau Wind, Luft
hua Frucht, Beere
huka kalt
kai Essen (Verb u. Substantiv)
mana Prestige, Autorität
manga Strom
paku klein
papa flach
puke Hügel
raki Nord
roa lang
roto See
rua Loch, Grube, zwei
runga Spitze
tahu leicht
tai Meer
tane Mann
tapu heilig
tara Gipfel
te der/die/das
utu Rache
wai Wasser

REGISTER